UN GRITO DESESPERADO

CARLOS CUAUHTÉMOC SÁNCHEZ

UN GRITO
DESESPERADO

**NOVELA DE SUPERACIÓN
PARA PADRES E HIJOS**

Ediciones Selectas Diamante, S.A. de C.V.
Libros que transforman vidas

UN GRITO DESESPERADO

ISBN 968-7277-10-3

<u>IMPORTANTE:</u>

En la portada de todos los libros "Un grito desesperado", debe estar el holograma de autenticidad, plateado, tridimensional, con la figura de un diamante, exclusivo de los libros originales. Si este volumen u otro no lo tiene, favor de dar aviso a la P.G.R. o a Ediciones Selectas Diamante, reportando el lugar donde lo adquirió.

IMPRESO EN MEXICO
PRINTED IN MEXICO

Portada: *"The cry"*. Edward Munch, Nasjonalgalleriet, Oslo, Noruega (1893).

Esta obra se terminó de imprimir en septiembre de 1997.
En los talleres de Fernández Editores, S.A. de C.V.
La edición consta de 25,000 ejemplares.

CONTENIDO

Con amor incondicional, dedico este libro a las tres mujeres que me dan la motivación para escribir y la inspiración para vivir:

IVONNE

SHECCID

SAHIAN

1

LA METAMORFOSIS

Amor:

He dado vueltas en la cama intentando abandonar la vigilia inútilmente. Hace unos minutos salí a rastras de entre las cobijas buscando pluma y papel. Escribirte es el último recurso que me queda en esta fiera lucha por controlar mi torbellino mental.

Ignoro a qué me dedicaré mañana, ni si tú seguirás siendo profesora, ni si tendremos el ánimo para continuar viviendo aquí, ni si alguna vez recuperaré la confianza en la gente como para volver a dar un consejo de amor. Lo único que sé es que mañana, cuando amanezca, no podré volver a ser el mismo...

Ésta es la primera noche que pasamos en casa después de la tragedia. Es el punto final de una historia escrita en tres días de angustia, incertidumbre y llanto.

Sé que tú fuiste la protagonista principal del drama, pero, ¿te gustaría saber cómo se vio el espectáculo desde mi butaca?

Estaba impartiendo una conferencia de "relaciones humanas" cuando fui interrumpido por la secretaria.

—Licenciado —profirió antes de que me hubiese acercado lo suficiente a ella como para que los asistentes al curso no escucharan—. ¡Su esposa! ¡Acaban de hablar del Hospital Metropolitano! Tuvo un accidente en el trabajo.

—¿Cómo? —pregunté azorado—. ¿No será una broma?

—No lo creo, señor Yolza. Llamó una compañera de ella. Me dijo que un alumno la atacó y que es urgente que usted vaya...

Salí de la sala como centella sin despedirme de mis oyentes. Subí al automóvil con movimientos torpes e inicié el precipitado viaje hacia el hospital. No vi al taxista con el que estuve a punto de chocar en un crucero, ni al autobús que se detuvo escandalosamente a unos milímetros de mi portezuela cuando efectué una maniobra prohibida.

¿Cómo era posible que un alumno te hubiese atacado? ¿No se suponía que eras profesora en uno de los mejores institutos?

Estacioné el automóvil en doble fila, bajé atolondradamente y corrí hacia la recepción del sanatorio.

Reconocí de inmediato a tres empleadas de tu escuela sentadas en las butacas de espera. Al verme llegar se pusieron de pie.

—Fue un accidente —dijo una de ellas apresuradamente, como para eximir responsabilidades.

—El joven que la golpeó ya fue expulsado —aclaró otra.

—¿La golpeó? ¿En dónde la golpeó?

Las profesoras se quedaron mudas sin atreverse a darme la información completa.

—En el vientre —dijo al fin una que no podía disimular su espanto.

Cerré los ojos tratando de controlar el indecible furor que despertaron en mí esas tres palabras. Por la preocupación que me produjo el hecho de saber que podías estar herida me había olvidado de lo más importante, ¡Dios mío!: ¡que estabas embarazada!

—¿Fue realmente un accidente? —pregunté sintiendo cómo la sangre me cegaba.

—Bueno… sí —titubeó una de tus amigas—. Aunque el muchacho la molestaba desde hace tiempo… De eso apenas nos enteramos hoy.

No quise escuchar más. Me abrí paso bruscamente y fui directo al pabellón de urgencias. A lo lejos vi a tu ginecobstetra.

—¡Doctor! —lo llamé alzando una mano mientras iba a su encuentro—. Espere, por favor… ¿Cómo está mi esposa?

—Delicada —contestó fríamente—. La intervendremos en unos minutos.

—¿Puedo verla?

—No —comenzó a alejarse.

—*¿Y el niño? ¿Se salvará...?*

Movió negativamente la cabeza.

—*Lo siento, señor Yolza...*

Me quedé helado recargado en la pared del pasillo. ¡Esto no podía estar pasando! ¡No era admisible! ¡No era creíble!

Tu médico te había permitido que trabajaras medio tiempo con la condición de que lo hicieras cuidadosa y tranquilamente.

¡Yo mismo lo acepté sabiendo que se trataba de una gestación riesgosa! Pero, ¿quién iba a imaginar que un imbécil te golpearía? ¡Y faltando tres meses para el nacimiento!

Eché a caminar por los corredores entrando a zonas restringidas, como un ladrón. Conozco a la perfección el hospital porque en él nacieron nuestros otros dos hijos y yo participé en ambos partos, así que, con la esperanza de verte, me agazapé en un cubo de luz por el que puede vislumbrarse el interior del quirófano. No tuve que esperar mucho tiempo para presenciar cómo te introducían al lugar en una camilla... Fue una escena terrible. Estabas acostada boca arriba con el brazo derecho unido a la cánula del suero y una manguera de oxígeno en tu boca. Parecías muerta. Igual que ese "volumen", antes rebosante de vida, horriblemente estático debajo de la aséptica sábana que te cubría el vientre. Me quedé pasmado, transido de dolor, rígido por la aflicción.

¿Qué te habían hecho? ¿Y por qué? Es verdad que los jóvenes de hoy son impulsivos, inmaduros, inconscientes; que hasta en las mejores escuelas se infiltran cretinos capaces de las peores atrocidades... Pero, ¿al grado de hacerte eso a ti... a nosotros? Sentí que las lágrimas se agolpaban en mis párpados.

Mi vida... Viendo cómo te preparaban para la operación, juré que, de ser posible, cambiaría mi lugar por el tuyo...

—*Disculpe, señor, pero no puede estar aquí* —*me dijo un individuo enorme, vestido como guardia de seguridad, quien amablemente pero con firmeza me encaminó hacia la sala de espera.*

Y la espera en la sala fue un suplicio lento y desgarrador. No tuve noticias tuyas durante horas.

Salí varias veces a caminar, un poco por averiguar si el aire fresco era capaz de apagar las llamas de mi ansiedad y otro poco por evitar la proximidad de tus compañeros de trabajo.

Viví momentos inenarrables. Creí que te perdía. Fuiste intervenida dos veces y estuviste en observación más de quince horas.

Hoy en la tarde te dieron de alta.

Saliste del hospital tomada de mi brazo pero con la cabeza baja, arrastrando el ánimo.

Además de haber perdido al bebé habías quedado estéril.

Durante el trayecto a la casa no hablaste nada. Yo tampoco. ¿Qué palabras podían servir para atenuar la aflicción producida por esa amarga experiencia? ¿Qué bálsamo era capaz de adormecer el suplicio de esa llaga supurante? No había ninguno. Quizá el silencio.

Abrimos la puerta de la casa y nos adentramos a su quietud absoluta. Los niños ya dormían. Encendimos las luces y los estáticos muebles parecieron darnos la bienvenida compadecidos. Me ofreciste café y pan. En el ambiente se sentía pena. No deseábamos comer, pero era parte de la rutina requerida para volver a la normalidad.

—Qué desgracia tan grande, ¿verdad? —dijiste rompiendo el silencio.

No contesté. ¡Nos resultaba muy difícil comunicarnos! En el hospital, cuando no se interpusieron doctores lo hicieron familiares o amigos...

Al fin estábamos solos.

—¿Qué fue lo que pasó exactamente?

—Lo que sabes, mi amor. Un alumno de mi clase de idiomas me golpeó.

—Pero, ¿cómo pudo llegar a tanto? Me dijeron que desde hace tiempo te molestaba y que no se lo dijiste a nadie. ¡Ni siquiera a mí!

—Es un joven desubicado y tímido. Creí que necesitaba apoyo, comprensión. Quise ayudarlo... Jamás pensé que reaccionaría como lo hizo.

Me puse de pie furioso, sintiendo que la sangre me cegaba,

y caminé de un lado a otro de la cocina con las manos en la cabeza, respirando agitadamente.

—Pero, ¿cómo pudo ser? Ambos deseábamos más que nada en el mundo la llegada de este hijo. ¿Cómo te permitiste, por ayudar a un lunático, correr un riesgo de ese tamaño? Y, sobre todo, ¿cómo pudiste mantenerme al margen del problema?

—No me lo reproches. Fue un accidente. ¿Quién iba a imaginar que el muchacho llegaría tan lejos? —y tu voz se quebró en una manifestación de enorme dolor.

Al verte afligida controlé un poco mi creciente furor. Tú fuiste quien padeció la tortura de la intervención quirúrgica. De tus entrañas, no de las mías, extrajeron ese pequeño ser que se nutría con tu sangre. En una palabra, tú eras la madre. No existe en la tierra persona más afectada física y emocionalmente por la pérdida de ese bebé, así que era injusto que te recriminara.

Volví a sentarme tratando de calmarme. Permanecimos callados durante el resto de la merienda. Le di a mi café unos pequeños sorbos, más por atención que por gusto. En mi mente desfilaban una tras otra las distintas formas de cómo podía vengarme. En primer lugar adquiriría un arma y te enseñaría a usarla; en segundo lugar, demandaría al muchacho por asesinato y no pararía hasta verlo refundido en prisión purgando la condena más severa que pudiera dictarse por su falta; en tercer lugar, dejaría de dar estúpidos cursos sobre "pensamiento positivo" y cambiaría radicalmente el giro de mi negocio; en cuarto lugar...

No podía estar sentado. Me levanté nuevamente lleno de excitación.

En cuarto lugar tenía que devolver el golpe a más granujas como él. No bastaba con desaparecer de la sociedad al culpable de esta desgracia cuando pululaban millones de muchachos igualmente ruines por todas partes.

Miré mi rostro sin rasurar en el espejo de la cocina integral y por primera vez me percaté de que llevaba puesta la misma ropa desde hacía tres días.

—Quisiera darme un baño.

Asentiste sin decir palabra. Y es que a la consternación de tu *reciente pérdida se le aunaba el dolor de adivinar en mí un peligroso rencor, un enfermizo deseo de venganza que nunca antes me habías visto.*

Te di las gracias por el café y fui directo a la regadera sin más preámbulo.

Me introduje en el agua caliente y dejé que el divino líquido corriera por mi cabeza y mi cuerpo, relajándome. Cerré los ojos y permanecí inmóvil como una estatua que se encoge un poco al sentir la lluvia cayendo sobre sus hombros.

Permanecí varios minutos en esa posición, sin pensar en nada.

Entonces escuché la puerta del cuarto de baño y a través del acrílico blanco vi tu silueta entrando.

Deslicé el cancel corredizo y te miré de pie junto al lavabo.

Te habías puesto tu bata de dormir.

—¿Venías a despedirte?

—No.

La nube de vapor comenzó a extenderse alrededor de ti.

No cerré la llave del agua.

—Me preocupas, cariño —murmuraste.

—Y tú me preocupas a mí —contesté—. Lo que te ha ocurrido es terrible.

Te quedaste callada mirándome tiernamente. Sabías que eso no era verdad. Si estuviera afligido por tu dolor estaría brindándote mi apoyo, como solía hacerlo cuando tenías algún problema.

—¡Maldición! —mascullé dando un fuerte puñetazo en la pared—. ¡Esto no debió haber pasado!

—¡Pero pasó! Ahora debemos reponernos para no perder más de lo que ya perdimos. ¡Tenemos dos hijos vivos! ¿Recuerdas?

Me froté fuertemente la cara sintiéndome un desdichado.

—Nada va a volver a ser como antes. Percibo la maldad corriendo por mis venas.

—No, no —rebatiste—. El joven que me atacó es producto de una sociedad corrupta que a la vez es el resultado de familias torcidas. Tú eres la cabeza de esta familia y si te dejas llevar por el deseo de venganza que supones corre por tus venas ten la segu-

ridad de que nuestros hijos también acabarán, tarde o temprano, hundidos en el fango de la degradación que los espera afuera.

—Amor —susurré, sintiendo cómo las palabras se negaban a salir—. No puedo quedarme con los brazos cruzados después de que han matado a un hijo nuestro.

—Entiende que no fue intencional...

—¿Y tú entendiste...? —pero me quedé con la frase en el aire. ¿Entiende qué? Dios mío. Tenía tantas ganas de llorar...

Entonces comprendí el gran error: he dedicado el trabajo de toda mi vida a brindar elementos de superación a empresarios, cuando son otras las personas que realmente necesitan de él.

—Vida —me dijiste—. En este momento no sé por qué estoy más triste: si por la muerte del bebé o por tu actitud hacia mí.

Con ese comentario me aniquilaste. Sentí que perdía fuerzas y con las fuerzas la ira. Quise abrazarte, pero tú estabas vestida y seca y yo desnudo y mojado bajo la regadera.

—Perdóname —logré articular al fin—. No debo comportarme así, porque entre todo lo malo que ha pasado hay algo verdaderamente hermoso: que ahora te amo muchísimo más...

Esta vez mi tono de voz sonó intensamente afligido. Una lágrima se deslizó por mi mejilla confundiéndose de inmediato con el agua que caía sobre mí.

Te me acercaste nerviosamente. El chorro, al golpear mi cuerpo, comenzó a salpicarte. No te importó.

—¿Sabes...? —te dije—. Cuando estabas en el quirófano juré que si pudiera cambiaría mi lugar por el tuyo...

Tú no soportaste esas palabras y yo no soporté más tu dulce mirada.

Te extendí los brazos y, vestida como estabas, te refugiaste en ellos de inmediato.

El agua de la ducha cayó sobre ti empapándote totalmente. Te acurrucaste en mi cuerpo buscando más calor. Acaricié tu cuello y tu espalda con un cariño casi desesperado; luego comencé a desabrochar tu bata, deslizándola suavemente hacia abajo mientras te besaba.

Estreché tu piel desnuda delicadamente pero con mucha fuerza y tú comenzaste a llorar abiertamente, frotando tu cara en mi pecho. No había sensualidad alguna. Era algo superior. Algo que no habíamos experimentado jamás. Era el milagro de una dolorosísima pero extraordinaria metamorfosis.

En ese instante, disueltos el uno en el otro, me susurraste que no te importaba haber tenido un aborto, ni te importaba nada de lo que pudiera pasarte en el futuro si nos manteníamos juntos.

No necesité contestarte para que supieras que yo pensaba igual. Fundidos en un abrazo eterno éramos, tú y yo, una sola alma otra vez.

2

EL ROBO DEL
PORTAFOLIOS

La caligrafía perfecta brillaba delante de mí. La observé superficialmente con gran desconfianza. Su lectura me había dejado un extraño sabor metálico en el paladar. ¿Quién hubiera pensado que en ese portafolios robado iba a encontrar documentos tan personales?

¿Todos serían así…?

Tenía conocimiento de que el colegio al que asistía había sido originalmente un centro de capacitación para empresas. Incluso a la fecha aún se daban cursos de "principios para el éxito", "relaciones humanas" y "personalidad", pero desde hacía unos cinco años el motivo central del instituto no eran los cursos sino la preparatoria intensiva. ¿El cambio de giro tendría alguna relación con la penosa experiencia relatada por el autor de aquella carta? Pudiera ser…

Pero si era así, no me conmovía. En realidad había muy pocas cosas que podían conmoverme. Quizá ninguna.

Estaba acostumbrado a reaccionar como la "carga social", "el delincuente en potencia" que me habían convencido que era. Sin embargo, a veces mi papel me disgustaba. Sobre todo cuando motivado por alguna circunstancia especial percibía la sensación interna de no ser tan malo. Y la lectura de esa carta había despertado en mí una sensación así.

Sacudí la cabeza aprensivamente y arrojé los folios al guardarropa. Seguramente todo lo escrito ahí no era más que una

fantasía imaginada por ese hombre a quien yo detestaba sobremanera. En mi entendimiento no cabía la posibilidad de que
alguien pudiera experimentar sentimientos tan nobles. Y menos
él... Me consolé con razonamientos apropiados: si esa carta era
verdad, el director de mi escuela era un fanático santurrón o un
marica declarado.

Exactamente...

Para poder relatar cómo hurté ese portafolios primero necesito hablar de un personaje importantísimo en aquella época de
mi vida: mi hermano Saúl.

Era un tipo bastante impredecible. Se tomaba muy en serio su
papel de hermano mayor, atribuyéndose el privilegio de amones-
tarnos a Laura y a mí a diario. Cuando lo desafiábamos se alte-
raba inmoderadamente y no le hablaba a nadie durante días. Con
frecuencia discutía con el tirano de papá y consolaba a la mártir
de mamá, pero nada mejoraba en casa; no entendía mis consejos
de que aceptara las cosas así. Realmente era un sujeto raro y, por
ello, incluso se había ganado mi secreta admiración. Le gustaba
tocar la guitarra hasta altas horas de la noche y también escribía
poesías (mis amigos y yo nos burlábamos mucho de esto).

Una mañana sus compañeros de grupo le jugaron una broma,
que él mismo planeó y consintió, cuyas consecuencias llegaron
a extremos inverosímiles:

Lo encerraron en el baño con una muchacha; clausuraron las
aldabas exteriores usando un enorme candado y tiraron la llave
por la coladera.

La algarabía resonó en todos los pasillos. Hubo aplausos,
cantos, gritos. A los pocos minutos la escuela entera estaba
enterada de que Saúl y su novia se hallaban solos en los sanitarios
haciendo quién sabe qué suciedades.

Hubo que llamar a un cerrajero para que pudiera abrirles, y
como fue imposible dar con los cómplices de tan original travesura, detuvieron en la dirección a los amantes protagonistas.

Acudí a las oficinas para esperar que lo pusieran en libertad
después de amonestarlo. Pero el asunto se complicó: llamaron
por teléfono a mi padre. ¡Nunca lo hubieran hecho!

Lo vi entrar a la recepción del colegio con aire de prepotencia sin siquiera haberse quitado la bata blanca que lo distinguía en su trabajo.

—Soy el doctor Hernández —le gritó a la secretaria—. Me llamaron para decirme que iban a expulsar a mi hijo. Tengo muchos pacientes y no puedo darme el lujo de hacer antesala, así que haga el favor de anunciarme de inmediato con el director.

El máximo censor salió a recibir al escandaloso visitante.

—Pase, por favor. Saúl está aquí, con su novia.

Me quedé fuera tratando de escuchar lo que se decía en el privado. No fue difícil. Papá recibió las quejas haciendo grandes aspavientos, preguntando teatralmente cómo era posible todo eso. Mi hermano alzó la voz para defenderse y fue abofeteado cruelmente frente al director y la novia. Después hubo un momento en el que no se escuchó nada. En ese silencio imaginé a la chica llorando a cántaros, al administrador como estatua de hielo, incrédulo de la agresividad que había presenciado, y a mi hermano aguantando estoico el dolor de la humillación.

Unos minutos después se abrió la puerta del despacho y salió Saúl. Detrás papá.

—¿Adónde crees que vas, muchachito? —y al decir esto lo sujetó por la oreja.

Saúl sudaba y tenía el rostro extremadamente rojo. Se liberó de la mano opresora de un zarpazo y echó a caminar hacia afuera sin decir nada.

—¡Un momento! ¡Detente o te arrepentirás toda tu vida!

En la calle varios estudiantes observamos la penosa escena en la que el adulto trataba de sujetar al joven jalándolo de los cabellos mientras éste se defendía ágil y ferozmente para alejarse a pasos rápidos del lugar.

Saúl no volvió a casa. Nadie supo adónde fue.

Por lo que papá se la pasó llamando por teléfono a todas las autoridades de la ciudad para reportar al fugitivo, mamá estuvo llorando inconsolablemente y Laura y yo nos acostamos con la excitante novedad de que el primogénito había abandonado el nido. No podíamos creer que hubiera tenido tanto valor y con el pensamiento le mandábamos nuestras más calurosas felicitaciones.

Esa noche tardé mucho en conciliar el sueño. Me preguntaba constantemente a qué lugar iría un joven al escapar de casa. Deseaba saberlo para tener la opción de hacer lo mismo cuando mi familia me hartara. Y no faltaba mucho para ello.

Al día siguiente muy temprano, diríase de madrugada, papá entró a mi habitación haciendo mucho ruido y llamándome holgazán. Me destapó arrojando las cobijas al suelo y azuzándome para que me levantara.

—Desperézate, muchachito. Voy a ir contigo a la escuela para vigilar la entrada de los alumnos a ver si aparece tu hermano.

—¿Sinceramente crees que irá a clases después de escapar de casa? —me incorporé para recoger las sábanas y echármelas nuevamente encima—. Permíteme que me ría: jo, jo, jo.

Papá se puso verde, más por tener yo la razón que por mi insolencia, pues ante él tener la razón era un pecado mortal.

—De cualquier modo iremos a la escuela. Quiero hablar con el señor Yolza para ponerlo al tanto de lo que hizo tu hermano.

—Ese maldito director chismoso —susurré—. Por su culpa está pasando lo que está pasando.

Me levanté indolentemente y me vestí.

Estuvimos en el colegio justo antes de la hora de entrada. Al poco tiempo llegó el director. Papá lo interceptó para preguntarle de modo presuntuoso por qué se había propuesto echar a perder la vida de sus hijos, lo cual, por agresivo e incoherente, me asombró bastante.

Varios compañeros curiosos se detuvieron a escuchar la inminente discusión, pero el licenciado Yolza los evadió invitándonos a pasar a su privado.

Ya dentro, los dos hombres se miraron fijamente como viejos enemigos. Mi padre se calmó un poco, pero no dejó de levantar la voz.

—Usted no ha sabido guiar a mis hijos. Uno viene aquí brindándole toda la confianza, paga puntualmente las colegiaturas, ¿y qué recibe a cambio? Unos muchachos tímidos y acomplejados. Saúl ha caído tan bajo por culpa de usted.

El señor Yolza se frotó la barbilla con aire preocupado. Su trabajo consistía en atender vecinos quejosos, empleados irresponsables, inspectores corruptos, sindicalistas prepotentes, alumnos groseros (como yo) y padres de familia desequilibrados (como el mío). Sin embargo, no parecía haberse acostumbrado del todo a tales situaciones.

Tomó asiento y con ademán cortés invitó a papá a hacer lo mismo frente a él. También a mí, con una mirada, me indicó que me sentara.

—¿Quiere explicarme de qué se trata exactamente, doctor Hernández?

—Ayer mi hijo Saúl se fue de la casa.

—¿De veras? —preguntó interesado—. ¿Y qué le hace suponer que fue por mi culpa?

—Que no había necesidad de llamarme para darme la queja. Todos los jóvenes llegan al sexo con sus novias.

El director abrió el cajón central de su escritorio para extraer una cajita con pastillas medicinales; tomó una y se la echó a la boca de inmediato mientras movía la cabeza negativamente (¡vaya manera de empezar el día!). Acto seguido descolgó su intercomunicador para pedirle al archivista el expediente de Saúl y el mío. Sin quererlo salté de mi silla. ¿El mío? Yo solamente estaba de mirón, no tenía vela en ese entierro. ¿Por qué pediría también mi expediente?

Me volví a sentar. Hubo un silencio desagradable. Finalmente la secretaria entró presentándole las carpetas y el licenciado comenzó a decir con voz firme:

—Doctor Hernández: su hijo Saúl tiene antecedentes muy graves y fue admitido aquí condicionalmente. Aun así, su historial está lleno de irregularidades. Ayer no hubo tiempo de analizarlo, pero "fumar en clase", "contestar altaneramente a los profesores", "no cumplir con tareas" e "irse de pinta" son notas comunes y repetitivas en este registro. Además, ya había estado a punto de ser expulsado en otra ocasión —mi padre alzó las cejas simulándose indignado y me reí interiormente de él—. Se dio de golpes con otro joven que al parecer pretendía a su novia "en turno". En esa oportunidad armó un gran alboroto. Vinieron patrullas y los vecinos me citaron para hacerme prometer que eso no volvería a suceder en esta calle. Lo tuve detenido en mi oficina durante casi una hora. Intentamos comunicarnos con usted, pero fue inútil. Tampoco su esposa pudo ser localizada. Así que llené su forma de expulsión y se la entregué. Entonces su hijo me dijo que me odiaba, que odiaba este mundo, esta vida, esta escuela y a sus padres. Después de eso se echó a llorar y su llanto demostraba una congoja enorme —el licenciado se levantó ligeramente apuntando con el índice—: Doctor Hernández, si no ha visto a su hijo llorar de esa manera últimamente, usted está muy lejos de él para poder ayudarle —volvió a sentarse y antes de continuar pareció escoger las palabras—: Ante una situación tan patética no pude dejar de darle otra oportunidad. Sentí que, en el fondo, Saúl no era culpable de sus yerros. Un joven que se desprecia tanto a sí mismo debe tener una pésima familia. El origen de la autovaloración de un individuo se halla en su familia. La gente se comporta en la calle como aprendió a hacerlo en su casa. Si Saúl está en malos pasos no hay más culpables que usted y su esposa...

Mi padre estaba petrificado. El matiz sanguíneo de sus mejillas me hizo percibir su cólera. Ésta era tal que no podía hablar. El director, en cambio, se mostraba mucho más seguro e impertérrito que al principio. Seguidamente abrió mi expediente y comenzó a hojearlo con detenimiento.

—Su hijo Gerardo es otra muestra de lo que le estoy diciendo.

Para que se callara lo miré con todo el repudio que pude... pero al individuo pareció no importarle mi amenaza visual.

—Es impuntual, faltista, flojo. Los profesores lo reportan como un alumno de última categoría. Por si no lo sabía, él también ha estado a punto de ser expulsado. No por irregularidades graves sino por una infinidad de reportes sencillos de indisciplina y apatía. Gerardo es un cabecilla para los malos actos. Incita a sus compañeros a cometer pillerías encontrando siempre la forma de salir exculpado, pero los maestros y yo nos hemos dado cuenta de su juego. Detrás de las infracciones de sus amigos siempre está él. Reconozco que es muy inteligente y estoy casi seguro de que también en su casa aparenta ser un buen hijo, pero secretamente acumula un gran rencor que lo hace atentar contra todos cuando se siente resguardado.

Mi padre, mordiéndose feamente el labio inferior, se volvió hacia mí con claras intenciones de matarme, pero yo me hice el disimulado clavándole la vista al directorzucho. Tarde o temprano me las pagaría.

Papá se puso de pie listo para salir de allí.

El señor Tadeo Yolza levantó la voz con la firmeza de alguien que ha ganado un envite.

—Doctor Hernández: sus rabietas de padre indignado no ayudarán en nada. Sus hijos son listos pero *terriblemente infelices*. Tanto Saúl como Gerardo necesitan recuperar en primer lugar su autoestima. ¿Entiende esto? ¿Cómo suele corregirlos? ¿Se acerca a ellos para tratar de entender sus razones y después los guía con mano fuerte pero amistosa, o simplemente les grita, los insulta y abofetea, como hizo ayer con Saúl en esta oficina? ¿Permite que en su hogar se apliquen sobrenombres, se hagan burlas y críticas destructivas, se exalten las capacidades de unos para menospreciar las de otros, se invoquen deseos de que tal o cual hijo sea distinto, o se admiren envidiosamente las condiciones de otras familias? Si así ha sido, usted ha creado en ellos una autovaloración peligrosamente pobre. Todo ser humano aprende a autovalorarse en el lugar donde crece, ayudado de las personas con quienes convive. En la familia nacen las expectativas del individuo, su moral, su forma de sentir, su personalidad…

El director parecía ansioso de continuar hablando, como si hubiese esperado durante meses la oportunidad de decirle todo eso.

Mi padre se volvió hacia él con la vista desencajada. Por un momento pensé que se le echaría encima.

—Ustedes, los ma… maestros —tartamudeó visiblemente afectado—, son demagogos y engreídos. Creen tener el derecho de meterse en la vida de los demás como si fuesen perfectos.

—Doctor Hernández, usted y yo ya nos conocíamos. Yo lo consideraba un hombre sensato, pero en estas dos últimas entrevistas me he percatado de que necesita una gran ayuda. Si sus hijos se pierden o fracasan no habrá otro responsable directo más que usted.

Vi cómo mi progenitor apretaba los puños hasta que los nudillos se le pusieron blancos. Su siguiente objeción apenas fue inteligible:

—Ustedes los maestros se creen sabios... Le devuelven la responsabilidad a uno, pero son incapaces de hacer algo por los muchachos.

Cabizbajo, dio la vuelta y sin despedirse salió bruscamente del lugar.

Al verlo alejarse, por primera vez me percaté de que no era tan inmune como yo había pensado. Sentí lástima por él. Además, su estatura me pareció más baja de lo que siempre creí.

El director corrió para alcanzarlo. Posiblemente no deseaba que la desavenencia terminara de ese modo.

Me quedé en la oficina solo. Miré a mi alrededor buscando algo, algo... no sabía qué... *¡El portafolios personal del señor Tadeo Yolza estaba a un lado del escritorio!* Lo tomé y salí como relámpago para evitar ser detenido por la secretaria. En la calle los dos adultos aún discutían. No me detuve: no quería saber más nada del asunto.

Durante horas caminé por las avenidas abrazando fuertemente el portafolios robado. Sentía ganas de llorar, pero no comprendía la razón. Quizá por haberse dicho en mi presencia conceptos muy serios en los que jamás había pensado. Uno especialmente cruel y verdadero me taladraba las sienes: que mis hermanos y yo éramos inteligentes pero terriblemente infelices.

3

DOCUMENTOS
EXCEPCIONALES

Lo que estoy relatando sucedió hace muchos años, pero fue el inicio de la transformación de mi vida.

Mi padre era un hombre instruido. Había estudiado medicina haciendo su residencia y especialidad ya casado. Si algo yo le reconocía era su carácter duro y tenaz. En la época a la que me refiero tenía una trayectoria profesional brillante, lo que nos permitía vivir desahogadamente, pero su trabajo de "prócer salvavidas" lo absorbía tanto que convivía poco con su familia y los problemas que con esa actitud eludía comenzaron a mermar su equilibrio emocional. Adquirió patrones de neurosis depresiva: exageraba nuestras faltas y al principio nos reprendía en forma humillante para después deshacerse en lamentos y añoranzas respecto a cómo debíamos ser y no éramos. Algo digno de despertar ternura. A esto debía sumarse la conducta hipocondriaca de mamá: para ella todo era motivo de angustia, y pasaba horas enteras lamentándose y llorando. Era fácil adivinar que no mantenían una buena relación conyugal.

A ninguno de nosotros nos agradaba estar en esa casa carente de calor, así que, cuando teníamos oportunidad, los tres hijos volábamos como palomas asustadas. Mi hermana Laura, de quince años, se pasaba las tardes en compañía de sus amigas (al menos eso decía). Saúl, de veintiuno, se iba con su novia. Y yo, de dieciocho, el hijo intermedio (mamá me llamaba el jamón del sandwich), salía con mi pandilla a hacer locuras por las calles y a asustar a las muchachas que andaban solas.

A mis amigos y a mí nos gustaba manejar los coches de nuestros padres a toda velocidad. Con frecuencia la policía nos perseguía, pero la buena suerte, la audacia o el dinero siempre nos salvaban de ser aprehendidos. Todo lo prohibido nos causaba gran exitación.

Sin embargo, debo aclarar que cuando mis amigotes robaban a los transeúntes, por travesura más que por necesidad, yo no participaba. Eso sí, observaba todo desde las esquinas cercanas pero sin mover un dedo. El portafolios del señor Yolza era uno de los pocos objetos hurtados en mi historial. Tal vez algún día lo devolvería... ya que sólo lo hice porque quería darle una lección al engreído ese que se atrevió a llamarme "alumno de última categoría".

Aquella noche leí respecto al aborto de su esposa.

¡Qué emociones tan curiosas despertó en mí ese relato! Principalmente porque conocía los antecedentes de la escuela y al relacionarlos con la carta resultaba una ecuación incoherente, ilógica. ¿El dueño había decidido dejar de dar discursos de capacitación a empresas para organizar una preparatoria con el fin de ayudar a jóvenes entre los que podía estar el responsable de la muerte de su tercer hijo? ¡Qué cosa tan absurda y afeminada!

Fui a mi dormitorio y me encerré con llave.

La habitación, completa, era para mí solo. Saúl estaba "de vacaciones", así que iba a poder extender sobre el piso mis revistas "prohibidas" sin que nadie me molestara.

Empujé la cama de mi hermano hasta pegarla con la mía. Esa noche dormiría cómodamente en una matrimonial.

Pobre Saúl: siempre tan loco e impulsivo. Seguramente mientras él pasaba incomodidades sólo Dios sabía en dónde, yo disfrutaba de sus territorios como un señor.

Comencé a hojear las fotografías de mis revistas... pero me detuve insatisfecho: no me apetecía mirar eso. Guardé mis "tesoritos" clandestinos y traté de dormir, pero no pude porque fui presa de un insomnio enloquecedor. A las tres de la mañana encendí la luz, me incorporé como sonámbulo y me dirigí al ropero en busca de los papeles sustraídos. Los contemplé unos minutos y, como movido por un magnetismo extraño, comencé a examinarlos embelesado. En ese archivo había muchas cartas íntimas. En busca de alguna que me permitiera hilar la historia recientemente conocida, leí los primeros párrafos de varias. Y esto fue lo que encontré:

Amor:
Hace algunos meses abrimos una escuela preparatoria con intenciones altruistas. Ha sido mucho más complicado y difícil de lo que imaginamos al principio. Ocupados en un mundo de trabajo administrativo, hemos descuidado la razón principal de lo que emprendimos. No debemos seguir permitiéndolo.

En las dos semanas anteriores me he enterado de situaciones asombrosas que quizá tú desconozcas: tres jóvenes del turno matutino abandonaron su casa, una muchachita de secundaria abierta quedó embarazada y un ex estudiante se accidentó en su automóvil por conducir ebrio.

El medio en que se desenvuelven los jóvenes es cada vez más peligroso. Las borracheras, el amor libre, la deserción escolar, la rebeldía contra los padres, son tópicos usuales entre ellos. Últimamente he puesto atención en esa gran decadencia transmitida de una generación a otra. El mal se ha infiltrado incluso en hogares de padres aparentemente instruidos y responsables que en forma inexplicable han venido a verme desconsolados porque no saben dónde es que fallaron. Entonces mi desesperación se convierte en pánico. En la educación de los hijos se cometen muchos errores involuntarios, errores que tarde o temprano se revierten como una avalancha de nieve que nunca se sabe cómo ni cuándo se originó...

Sin embargo, debo decirte que esta reciente percepción del mal no es lo único ni lo principal que gira en mi agitación mental.

Este último fin de semana encontré algo. Algo tan extraño e inverosímil que no he querido mostrártelo hasta saber qué es (o hasta saber si es lo que imagino). Estuve escombrando tres viejas cajas con reliquias de mis padres. Son las que rescaté de la casa de mamá cuando falleció, ¿recuerdas?, y hasta el domingo pasado no había tenido ánimo para revisarlas. Es increíble la cantidad de cosas que guardan los ancianos: fotografías borro-

*sas, documentos escolares arcaicos y roídos, recortes de perió-
dico amarillentos y quebradizos, cartas ilegibles y un sinfín de
objetos viejos como botones, tarjetas, libros y prendas de ropa
que, aunque debieron jugar algún papel importante en sus
recuerdos, para mí no eran más que basura.*

*Pues bien, entre esas curiosidades hallé una carpeta con ma-
nuscritos ancestrales escritos en castellano antiguo con un valor
verdaderamente incalculable. No me explico cómo pudieron
llegar ahí, pues aunque mi padre era historiador, nunca mencionó haber conseguido testimonios originales.*

*He debido desempolvar mis diccionarios y apuntes de raíces
románicas para atar cabos respecto a esos escritos. Ha sido
emocionante, mi amor, porque ya he logrado interpretar algunos párrafos y, ¿sabes?, versan sobre el mismo tema que me
inquieta en el trabajo: ¡la superación de los jóvenes!*

*Su anónimo autor debió de ser un experto en textos bíblicos,
y digo esto porque he hallado muchas frases apoyadas claramente en las Escrituras. Sin embargo, lo interesante del caso no es
la doctrina plasmada en esas hojas sino la sensación que me
producen de estar transitando el camino adecuado. ¡Quien las
escribió murió hace varios cientos de años teniendo las mismas
inquietudes que yo!*

*Te quiero mucho, mi cielo, y estoy un poco asustado. Siento
que Dios, a través de ti, me ha encauzado en este trabajo y ahora
ha comenzado a darme elementos para que haga en él algo más
de lo que he hecho.*

*Quiero compartirte que estoy pendiente de cada eventualidad
con la firme convicción, nunca experimentada en el pasado, de
que nuestro tercer hijo no murió en vano antes de nacer.*

Tuyo,
Tadeo

Apenas terminé de leer, cogí el portafolios hurtado para hur-
gar en él con la avidez de un sediento que busca agua. Saqué todo
lo que guardaba y lo deposité sobre la cama de mi hermano. La
localización de lo que ansiaba encontrar fue casi inmediata: una
carpeta conteniendo documentos ligeramente más anchos que

las hojas tamaño carta, por lo que sus bordes amarillentos sobresalían del resto.

Extraje con cuidado la carpeta y contemplé su curioso contenido hecho de un material resistente como la piel, flexible como la tela y delgado como una hoja: se trataba de pergaminos azafranados y de olor rancio escritos con tinta violácea de trazos irregulares. Las letras eran casi normales, salvo uno que otro símbolo extraño que se intercalaba entre las palabras. Intenté leer, pero no logré captar ni un ápice. Había frases como la siguiente:

Joven, creéd et cuydat todas cosas tales que sean aguisadas et non fiuzas dubdosas et vanas. Guardatvos que non aventuredes nin ponga desde lo vuestro, de que vos sintades por fiuza de la pro de que non sodes cierto. Y abonde nos estoque dicho vos avemos Cristo en qui creemos.

Y lo más fantástico era que se trataba de pergaminos originales. Los acaricié con respeto, los acerqué a mi rostro para olerlos y sentir su textura en mi mejilla.

En eso me hallaba cuando se desprendieron algunas hojas blancas que habían sido guardadas en el interior. Con gran curiosidad me apresuré a levantarlas y descubrí que eran los borradores de una traducción de esos documentos.

No se necesitaba ser experto en testimonios arqueológicos para percatarse de que ese vademécum y su incipiente interpretación era en extremo valioso. De algo pude estar seguro entonces: iba a tener que devolverlo.

En la traducción de los pergaminos decía:

No seas altivo ni orgulloso pues perderás el tiempo leyendo conceptos de paz.
No porque hayas oído mucho puedes considerarte erudito. El que *cree saber* sólo es un fanfarrón.
Las verdades no se saben, se sienten; no se aprenden, se viven.
Nadie puede ser sabio en su propia opinión. [1]

---

[1] Romanos, 12, 16.

Déjate guiar.
Puedes suponer que estás haciendo bien cuando en realidad estás haciendo lo más cómodo y placentero.

El necio tiene por recto su camino. El sabio siempre está atento a los consejos.[2]
Sólo sometido a la autoridad de Dios harás lo bueno y te irá bien.[3]

Tarde o temprano todos debemos entender las leyes morales de la creación. Los rebeldes con lágrimas, sinsabores y amargura. Los competentes (que hacen suya la experiencia de otros) con alegría y paz.
Examínalo todo sin prejuicios y aprende lo bueno de todo,[4] **porque hasta en el ser más insignificante o extraño y hasta en el problema más "innecesario" hay un mensaje para ti.**

"Cursi, rosado, religioso, manipulador, impráctico", me dije haciendo a un lado los papeles.

De momento me pareció que todo lo que ese hombre guardaba en su portafolios era producto de una personalidad amanerada o de una estúpida vocación sacerdotal. Sin embargo, creo que mis viscerales juicios no eran del todo sinceros porque retomé los escritos y seguí leyendo:

No te equivoques al escoger a tus amigos.
Si eres bueno busca a los buenos. ¿Qué consorcio hay entre la justicia y la iniquidad? ¿Qué comunión entre la luz y las tinieblas?[5]
No sigas el consejo de los malvados ni te sientes en el banco de los burlones,[6] **porque el camino de los perversos siempre tiene mal fin.**[7]

---

[2] Proverbios, 12, 15.
[3] Romanos, 12, 2-3.
[4] 1 Tesalonicenses, 5, 21.
[5] 2 Corintios, 6, 14-15.
[6] Salmos, 1, 1-3.
[7] Salmos 1, 4-5.

Tu visión es corta e imperfecta. El orgullo y la arrogancia te hacen suponer que la gente está en tu contra y que nadie te entiende, pero eso es un espejismo mortal.

Sé de corazón humilde.
La vida te devuelve siempre lo que tú le das. El que es bueno siembra el bien y le va bien. Nunca lo olvides.

Pero, ¿qué rayos estaba leyendo? Para oír sermones me bastaba mi papá. Moví la cabeza desilusionado. De modo que el director no era más que otro adulto ordinario que coleccionaba máximas moralistas para fastidiar a los jóvenes...

Guardé todo en el portafolios y le di la espalda para intentar dormir, pero a los pocos minutos me volví sobre mis pasos sin entender la razón y extraje de la carpeta de escritos personales otro apunte, cuidándome de que no se tratara de más amonestaciones.

Una carta íntima más. "Vamos a ver qué otra historia inventa este loquillo", me burlé en voz alta, aunque en mi fuero interno, del que no tenía conciencia, existía un gran deseo de seguir empapándome de esa extraña y novedosa forma de ver la vida.

Elegí la misiva al azar, sin preocuparme por saber si estaba fechada antes o después de la anterior. Una curiosidad hipnótica más fuerte que mi naturaleza sarcástica y liviana me impulsaba a leer cualquier cosa que me ayudara a conocer más a ese singular individuo que administraba mi escuela.

Llevé la carta conmigo a la cama y la leí completa antes de cerrar los ojos.

Helena:
Hay gente esperándome en la recepción y tengo asuntos pendientes sobre el escritorio. No estoy en facultades de atender ni a los unos ni a los otros.
Necesito hablarte.
Decirte que te amo y que me duele mucho que hayamos discutido.

Estoy convencido de que el arte de las artes es la convivencia matrimonial, porque es la única disciplina que exige la perfecta coordinación de dos virtuosos en la destreza de dar y perdonar. Hoy en la mañana ocurrió algo que me consternó sobremanera. Cometimos el error de hacer grande una discusión pequeña. Tornamos la llovizna en huracán. Ambos contribuimos: teníamos que salir en el mismo auto y tus nimias actividades en un tiempo valioso amenazaban con retardarnos a todos. Te llamé la atención porque, a mi juicio, se nos estaba haciendo tarde por tu culpa, y tú me pediste que te ayudara con el arreglo y desayuno de Ivette.

Ninguno de los dos escuchó al otro.

El matrimonio es un equipo en el que se debe remar parejo so pena de que el barco pierda su rumbo. De haber sido "asertivos", el incidente no hubiera pasado a mayores. Yo sólo quería escucharte decir que sí, que me entendías, que ibas a tratar de apresurarte, y tú sólo deseabas oír de mi boca que sí, que en cuanto terminara de vestirme te ayudaría con la niña. Pero en ninguno cupo la prudencia. Defendiste tu posición y comenzaste a reprocharme que "nunca" te ayudaba. Entonces yo arremetí con más severidad en mi reprimenda rozando la frontera del respeto. Te sentiste agraviada y contraatacaste usando la arcaica e ineficaz regla del "ojo por ojo". Mordimos el anzuelo de Mefisto. Caímos en la trampa de discutir sin control. Se usaron dos palabras que deben estar terminantemente prohibidas en nuestros diálogos. Las palabras malignas: "siempre" y "nunca". Cuando se usan se miente y la difamación abre la puerta de entrada a la ira. Es mentira absoluta que uno de los cónyuges "nunca" o "siempre" haga algo.

Tú fuiste la primera en bajar del auto con el bebé. Ivette y yo nos quedamos solos; lloró todo el camino hacia su escuela y se negó a hablarme. No nos dimos cuenta de que nuestros hijos eran los más afectados por el problema.

Con cada disgusto de los padres se siembra en lo más hondo del ser infantil la semilla de la inseguridad. Y eso, además de injusto y vil, es innecesario.

No puedo atender mi trabajo porque todo lo que hago pierde sentido si estoy mal con mi familia. Te quiero mucho, mi amor, y quiero mucho a los niños.

No me gustaría que por vivir un matrimonio sin orden ni acuerdos los afectemos a ellos; o peor aún, afectemos nuestro mutuo amor.

Voy a luchar por pensar en ti antes que en mí, en satisfacer tus necesidades antes que la mías.

La regla de que el matrimonio es un intercambio al cincuenta por ciento es una patraña. Si vivimos pendientes de que nuestra pareja haga la mitad de la relación, nos pasaremos la vida juzgando la actitud del otro y jamás estaremos satisfechos. El verdadero amor es entregarse cien por ciento, regocijándose por ser correspondido, pero sin estar sopesando esa correspondencia a cada minuto. Nada de que "te ayudo en tus tareas para que luego tú me ayudes con las mías"; ése es un intercambio egoísta. Yo quiero aprender a ayudarte sin esperar tu ayuda, regalarte mi ser entero, aunque no reciba una entrega igual. Deseo hacerlo porque te amo bien. Eso es todo. Quiero que sepas que hace mucho tiempo he dejado de atormentarme con la idea del "amor ideal". Eso no existe. No soy un príncipe de cuento ni tú una princesa encantada. Somos seres humanos llenos de defectos y yo te acepto tal como eres sin exigirte más.

El amor ciego es pueril. Es espejismo. De novios los sentimientos son intensos y las emociones excitantes; de casados el corazón late tranquilo y el entendimiento mira la realidad. Pero no por ello el cariño se ha desvirtuado sino, por el contrario, se trata de una relación más madura. El amor verdadero no es un "vivieron felices por siempre"; el amor verdadero es una promesa, un voto de entrega; no es felicidad eterna sino crecimiento armónico (aunque a veces doloroso), no apasionamiento ansioso sino unión beatífica.

Es cierto que con el tiempo se pierden detalles hermosos que se acostumbraban antes. Detalles importantes en la medida en que se echan de menos. Nosotros podemos recuperarlos si lo deseamos, como el ser atentos el uno con el otro, corteses, amables, considerados y delicados. Demostrarnos con esos detalles diarios cuánto nos importamos. Yo quiero lograr todo eso porque

*mi amor por ti es honesto y verdadero. Discúlpame la impruden-
cia que cometí esta mañana. No quise lastimarte.*

*Démosle la espalda al rencor y a las heridas y que este enojo
nos sirva para subir un escalón más de esa hermosa escalera que
nos conduce a Dios.*

Por siempre tuyo.

Tadeo

4

ASALTO A LA ESCUELA

Las ideas se agolpaban una tras otra como si de repente en mi vida se hubiera abierto una puerta, antes cerrada, hacia nuevos horizontes. Por primera vez sentí melancolía y soledad. Hasta entonces no había experimentado deseos de amar y ser amado. Parecía muy extraño, pero todo era producto de haber penetrado furtivamente en la intimidad de un adulto tan despreciado.

Finalmente me dormí. Cuando abrí los ojos habían dado las nueve de la mañana. Me pareció inusitado que papá se hubiera ido al hospital pasando por alto su rutina de despertarme arrancando violentamente las cobijas de mi cama y abriendo las cortinas del cuarto de par en par. Quizá el hecho de que mi hermano Saúl no estuviera, o quizá el desagradable recuerdo de la discusión que tuvo con el director el día anterior, lo había hecho reflexionar respecto a la forma de tratarnos.

El ruido de la aspiradora me permitió reconocer a la sirvienta en pleno inicio de jornada y la música clásica a mi madre haciendo su gimnasia matutina. Excelente: era demasiado tarde para ir a la escuela. Me levanté a recoger los papeles que había estado leyendo hasta avanzadas horas y que dejé caer al quedarme dormido. Los acomodé cuidadosamente. Al hacerlo, aprecié detalles que en la víspera me pasaron desapercibidos:

En el portafolios había tres carpetas distintas, una azul y dos verdes. La primera contenía manuscritos personales ordenados por fechas: cartas a su esposa, cartas a sus hijos y simples relatos íntimos como los que detalla un adolescente en su diario. La carpeta verde contenía escritos a máquina: resúmenes expositivos, apuntes y conclusiones de temas pedagógicos, algo así como las notas en las que un profesor se apoya para impartir su cátedra. Y la tercera carpeta contenía aquellos documentos extraños e ininteligibles con sus incipientes borradores de traducción. También hallé algunas plumas y lápices, una calculadora, un bello diccionario español-latín/latín-español y nada más.

En la casa no existían señales de que alguien se fuera a preocupar por molestarme, así que me embebí en el material paladeando esa extraña sed de saber más que experimentan los hombres que leen. Ya había penetrado en los dominios de la colección de redacciones íntimas y, como las traducciones de los papiros arcaicos me causaba una especie de malestar estomacal, decidí extraer un folio de los expositivos.

Antes de comenzar la lectura pensé en Saúl. ¿Dónde habría pasado la noche? ¿Qué habría cenado? ¿Con quién estaría en ese momento? Sentí tristeza por él. Ojalá que volviera pronto porque necesitábamos luchar juntos para rehacer esa decadente pero aún no desahuciada familia.

Los apuntes decían así:

- *48% de los matrimonios de primeras nupcias fracasan.*
- *80% de los fracasados se vuelven a casar y en la mitad de los casos la familia vuelve a malograrse.*
- *Cuatro de cada diez niños pasan su infancia en hogares de un solo progenitor.*
- *20% de los nacimientos son ilegítimos y 60% de éstos provienen de adolescentes.*
- *80% de los padres maltratan a sus hijos. La primera causa de muerte de niños menores de cinco años es el maltrato.*
- *En promedio, 32 adolescentes se quitan diariamente la vida en América Latina.*
- *El crimen más numeroso sin denunciar son las golpizas a mujeres.*
- *80% de las familias tienen por lo menos un hijo fracasado en los estudios.*
- *60% de los padres renuncian a la dirección del hogar cuando los hijos se rebelan y fracasan.*

- 95% de las familias de hoy sufren uno o varios de los siguientes problemas:
  Frialdad y distancia moral del padre.
  Hostilidad, burlas y falta de comunicación entre los hermanos.
  Machismo del padre e hijos varones.
  Normas rígidas, cambiantes e injustas.
  Malentendidos continuos por la comunicación superficial.
  Vidas independientes bajo el mismo techo.
  Vicios.*

Caminar por la vida arrastrando en el subconsciente las laceraciones que deja una mala educación es como escalar una gran montaña llevando a cuestas un baúl con inmundicias.

De cada diez hijos de familias anómalas solamente uno consigue deshacerse de la carga de basura heredada y escalar la cima del éxito. ¡Sólo uno lo consigue!

Los jóvenes rebeldes eligen —no siempre de modo consciente— el mal camino para dar una lección a sus padres o hermanos, haciéndolos sentir culpables de su fracaso.

Estudios psiquiátricos revelan que el primer paso para regenerar a los delincuentes y depravados es lograr que consigan PERDONAR a algún familiar con el que convivieron en su niñez.

Esto arroja la premisa de que todos los "muchachos problema" albergan en su mente la misma clase de resentimientos familiares. Los padres dañan a sus hijos y los hijos devuelven de una u otra forma el daño, creando un círculo espantoso que lanza enormes cantidades de individuos insatisfechos al mundo.

La delincuencia, la drogadicción, la prostitución (la maldad en sí), que ensombrecen a la humanidad no son sino los frutos de las semillas que se siembran en los hogares. La

---

* Fuente de estadísticas en Latinoamérica, *Revista People.*

*familia es la base de la sociedad porque todo hombre y mujer
que la conforman se hicieron en una familia. Si la familia se
corrompe, la sociedad, el país, el mundo entero se corrompe.*

*Los gobernantes hacen el ridículo tratando de acabar con
el mal; el origen de una sociedad corrupta son las familias
corruptas. La procedencia de un hombre malo es una mala
familia. No hay más.*

*Esto es un verdadero mensaje urgente. Un grito desespe-
rado antes de que sea demasiado tarde: el que no lucha por
SU familia es alguien que, NO IMPORTA PORQUÉ OTRA COSA
LUCHE, no merece tener el lugar que Dios le ha dado en esta
tierra.*

Eran palabras demasiado fuertes para mí. Así que arrojé los
papeles al aire en un gesto de rabieta pueril. "Pamplinas", me
dije, pero al ver las hojas volar por mi habitación de inmediato
procedí a reorganizarlas.

Me hallaba en tan molesto menester cuando sonó el teléfono.
"¡Mis amigos!", pensé. Salté como liebre al aparato y contesté:

—¿Bueno?

—¿Casa de la familia Hernández?

—Sí, aquí es.

—Necesito hablar con el señor o la señora de la casa. Es
urgente. Llamo del instituto Bécquer. Soy la secretaria del director.

—Los señores no se encuentran —mentí—, ¿puede dejarme el
recado?

—Se trata del joven Saúl —gritó la voz exasperada—. ¡Está
aquí, en la escuela! Vino a pedir dinero prestado al director,
parece estar borracho y…

La comunicación se cortó repentinamente. Alguien la interrumpió en origen. Salí de la casa corriendo pasando junto a mi
madre que se hallaba en posición de flor de loto. Me preguntó
adónde iba pero no le contesté. La escuela estaba a sólo unas
cuadras, así que corrí con todas mis fuerzas como si la vida de
mi hermano mayor dependiera de mi presteza. Sólo yo podía
convencerlo de que regresara a casa (ni mi padre ni mi madre,

ellos menos que nadie, lo conseguirían), por lo que me alegraba de haber contestado el teléfono a tiempo.

Cuando llegué a la escuela había un gran alboroto en el vestíbulo. Varios maestros atendían a la recepcionista desvanecida; los alumnos entraban y salían. Le pregunté a uno de ellos por mi hermano y me informó que acababa de irse.

—Venían en un Ford negro. Salieron disparados después de asaltar al director.

—*¿Venían?*

Pero no pude obtener más información porque llegó la policía y la gritería se hizo aún mayor. Tadeo Yolza salió a recibir a los patrulleros y me miró de reojo. Tuve el impulso de huir pero me contuve: no tenía por qué; yo era inocente. Mientras él hablaba con los agentes volví a preguntar, ahora a uno de mis maestros, qué fue lo que había pasado. Me informó que tres supuestos drogadictos amenazaron a la secretaria Gabriela y uno de ellos entró a la dirección a robar. Pero tampoco me dijo más porque lo distrajeron los improvisados paramédicos cuando la muchacha volvió en sí.

El licenciado Tadeo daba a los gendarmes una descripción de los atracadores y hacía un breve relato de lo ocurrido. Cuando quise aguzar mi oído, los pormenores ya habían sido mencionados. Había urgencia por atrapar a los malhechores, así que los oficiales se despidieron prometiendo volver en cuanto tuviesen noticias. Los vehículos de la policía se retiraron haciendo ulular sus espantosas sirenas.

El director entró al recibidor. Me volteé de espaldas fingiendo mirar el calendario de la pared, pero él caminó directo hacia mí, me tomó del brazo con muy poca delicadeza y me hizo pasar a su privado.

—¿Y tus padres?

—No lo sé —le contesté con indiferencia y tomé asiento presa de una inexplicable turbación.

—Estás enterado de lo que acaba de ocurrir aquí, ¿verdad?

No contesté. El bullicio del exterior todavía era demasiado fuerte como para permitirnos hablar con el sosiego que él pretendía. Además yo estaba incontrolablemente ansioso, al grado de percibir cierto reflejo emático que amenazaba poner fin a la entrevista con un espectáculo asqueroso. Intenté controlarme. Respiré hondo varias veces.

En ese instante no pude dilucidar lo que ahora, a la luz de quien revive recuerdos muy antiguos, entiendo.

No era por mi hermano, ni por el asalto, ni por el alboroto general que me hallaba tan nervioso; era porque frente a mí estaba el propietario del portafolios que tan escrupulosamente inspeccioné después de hurtarlo, el dueño de esos documentos excepcionales, el recopilador de datos y conclusiones de valor doctrinal y, sobre todo, el autor de las cartas de amor que tan indiscretamente analicé en la víspera. Era él. Estaba frente a mí participando de una larga pausa para recuperar la paz robada (que era, de momento, lo único que podía recuperarse).

—No, director... —dije al fin—. No sé qué pasó.

—Pues vino tu hermano Saúl. Entró a mi oficina intempestivamente pidiéndome dinero. Lo invité a tranquilizarse y entonces se dejó caer en la silla en la que tú estás ahora, quejándose y llevándose las manos a la cara —se detuvo con la vista fija como tratando de comprender él mismo lo ocurrido. Luego continuó—: Aproveché el momento para escribirle a mi secretaria una tarjeta urgente indicándole que se comunicara con ustedes. Tu hermano se balanceaba murmurando cosas ininteligibles cuando dos tipejos sucios e igualmente enajenados entraron a la escuela para lanzarse sobre mi secretaria. Salí para tratar de calmarlos, pero venían armados. Saúl, detrás mío, me pidió dinero otra vez. Le di lo que traía en la cartera e inmediatamente huyeron...

—Qué vergüenza... —creo que murmuré.

El director se puso de pie para cerrar las persianas.

Era un tipo canoso de aspecto imponente, de estatura mediana y de complexión más bien gruesa. Por lo que leí en sus carpetas, debía de tener unos cuarenta años, aunque para mi gusto aparentaba bastante más. Lo realmente interesante en él era su voz. Siempre pausada y tranquila, inspirando confianza y serenidad. Había algo en ella que me recordaba al sacerdote que me confesó cuando hice mi primera comunión.

—¿Quieres un café? —me preguntó y yo fruncí el entrecejo diciendo inmediatamente que no.

¡Claro que apetecía un café! Cualquier cosa era buena para quitarme el sabor metálico del paladar... Pero tomar café con el "gurú" se me antojó ridículo. "¿YO? Ya me imagino..."

—Quiero que me hables un poco de tu familia. ¿Cómo son tus padres? ¿Cómo se tratan entre hermanos?

Moví la cabeza sin poder articular sonido. Mi familia es el peor desastre que uno se pueda imaginar.

—Vamos. Necesito saber de ustedes. Y no pienses que me estoy inmiscuyendo en lo que no me importa porque tu hermano me inmiscuyó hace unos minutos.

—De acuerdo... —contesté al fin—. Mi padre es un tipo gordo de bigote escaso y erizado. No le gusta usar corbata y en las fiestas siempre toma coñac.

Tadeo Yolza sonrió. Nunca antes lo había visto sonreír.

—No me refiero a eso. De carácter... ¿cómo es su carácter?

—Es como todos los señores que conozco. Enojón, exigente, gritón. Siempre cree tener la razón y es absolutamente cerrado. No acepta más verdades que las suyas. Una muralla; así lo califica mi hermana Laura. Con él no se puede hablar. Él dice que sí, pero es mentira. A mi padre también le gusta mentir. Se cree un dios.

Sentí que el rubor me invadía el rostro. Me excedí en mi descripción, pero Yolza parecía complacido.

—¿Y Saúl? —increpó—. ¿Cómo es tu hermano?

—Antes era muy alegre. Se la pasaba escuchando música y cantando. A todos nos gustaban sus chistes subidos de color. Era estudioso y juguetón, nunca reprobó una materia. Así era él. Pero antes...

—¿Antes...?

—Antes de que lo expulsaran por primera vez de la preparatoria. Iba a un buen colegio, el Amsterdam. Eso fue hace cinco años más o menos. El muy idiota se enamoró de una de sus profesoras. Siempre lo critiqué por eso. Imagínese... Su maestra era casada y estaba embarazada...

Me detuve asustado de lo que acababa de decir. Era casual,

pero encajaba con... ¡Dios mío! Yo no me hallaba muy enterado de lo que le pasó a mi hermano Saúl hace cinco años. Sólo sabía que quiso besar a su maestra y que el esposo lo demandó. Mi padre no me permitió asistir al juicio pero parece que el demandante se arrepintió y levantó los cargos, pues el problema se solucionó pronto. Lo más extraño fue que quedó prohibido hablar del tema en la casa. Todos lo olvidamos, menos Saúl, que nunca volvió a ser el mismo.

—Mi esposa ha sido maestra toda su vida —comentó flemático el director—. Su último trabajo fue precisamente en el colegio Amsterdam... Hace como cinco años...

Apreté los puños y sentí que el sudor me corría por las mejillas.

Era evidente que la desgracia de la esposa del director podía relacionarse con la de mi hermano.

Yolza me miraba fijamente con el entrecejo fruncido. Su mirada era demasiado profunda y sofocante.

Me puse de pie con intención de salir inmediatamente de ahí. Tenía que hacerlo. Deseaba estar solo. No me importaba ser descortés, pero apenas comencé a caminar hacia la puerta el director me alcanzó para tomarme fuertemente del brazo; me volví hacia él, asustado, y me hallé con sus penetrantes ojos. Entonces, acercando su rostro exageradamente al mío, con la voz más firme y el gesto más seguro que recuerdo haber visto, murmuró:

—Devuélveme mi portafolios...

5

TRES PASOS PARA LA SUPERACIÓN PLENA

Al regresar, la casa parecía velatorio: para llegar temprano, papá no dio consultas en la tarde; Laura no salió con su amiga; y mamá se pasó el día llorando como Magdalena.

Habían investigado en hospitales, delegaciones, centros de asistencia social... y nada, no había rastros de Saúl. Lo que menos quería yo era aumentar la mortificación general, de modo que tras sopesar lo acaecido en la mañana, no comenté con nadie lo ocurrido.

No obstante, intenté hacerlo mientras cenábamos. Hacía años que no cenábamos todos juntos. Normalmente cada uno se preparaba lo que podía y se iba con el plato a ver la televisión de su cuarto. Pero, cosa rara, esa vez mamá hizo de cenar. La silla de mi hermano necesitó estar vacía para que eso ocurriera.

—Creo que Saúl se fue de la casa para darles una lección —proferí audazmente rompiendo el silencio.

—¿Qué dices? —saltó papá.

—Digo que a esta familia le hace falta amor. ¡Saúl se lo está gritando! ¿No se dan cuenta?

Mi padre se puso de pie diciendo que no estaba de humor para tolerar mis impertinencias. Le contesté que él nunca estaba de humor cuando se trataba de escuchar a sus hijos. Y después de enrojecer sobremanera, manifestó haber perdido el apetito. Se retiró a su habitación indicando que el paquete cerrado sobre la mesa era un pastel que había llevado para la cena. Las mujeres de la casa se conmovieron y comenzaron a llorar, rogando al varón que regresara al comedor, pero él no las oyó. Fue una bofetada con guante blanco para mí. A mi padre le gustaba dar ese tipo de bofetadas y yo lo detestaba por eso. No quise retractarme ni pedirle disculpas. Para mi gusto su paternidad dejaba mucho que desear.

Mi mamá se puso de pie y se enjugó las lágrimas con un trapo de cocina; luego comenzó a reprenderme, a lo que le contesté petulante. Entonces suavizó su tono y trató de explicarme que papá se hallaba sumamente tenso y nervioso. No la escuché. En esa casa nadie escuchaba a nadie, así que, ¿por qué tenía que hacerlo yo? Mamá se acercó empalagosamente y me acarició la cabeza. Yo no toleré el cariño y, a mi manera, repetí la misma escena de papá: aventé la servilleta y me fui a mi habitación. Las dos mujeres de la casa se quedaron solas. No creo que hayan podido cenar.

En mi recámara me senté en la cama y me pasé varias horas pensando sin poder moverme. Me sentía triste, arrepentido, melancólico, nervioso. ¿Por qué mi padre era tan orgulloso y difícil?

Con la respiración alterada extraje los borradores de los documentos con exhortaciones bíblicas y comencé a pasear la vista sobre ellos. Sentí una ansiedad sofocante al hallar recomendaciones que valía la pena hacérselas conocer a mi padre.

Tomé pluma y papel y comencé a transcribir los consejos. Una vez terminada la labor salí con intenciones de deslizar la hoja por debajo de la puerta del cuarto de papá. Era la única forma de hacérsela llegar, pues si llamaba, era seguro que además de no abrirme me lanzaría algún insulto.

Miré el escrito anónimo dudando y al levantarlo vi cómo mi mano temblaba. Por eso, antes de decidirme lo leí por última vez:

Cuando estés en tu casa evita gritar.

Sé presto para escuchar y tardo para la ira. [8]

---

[8] Santiago, 1, 19.

Una respuesta suave calma el furor y detiene peleas a tiempo.[9]

La lengua mansa es árbol de vida; la perversa rompe los lazos de afecto.[10]

No devuelvas nunca mal por mal ni insulto por insulto. Sé compasivo, ama sin condiciones; sé dócil y fiel, así bendecirás tu hogar.[11]

Cuando estés tentado a condenar a alguien, detente y recuerda que todo el que peca no sabe lo que hace y merece ser perdonado...[12]

Moví negativamente la cabeza. Mi padre era doctor y los doctores que yo conocía, además de nunca tener tiempo para su hogar, creían ser los poseedores exclusivos del don de la "sabiduría infinita".

No. Si arrojaba la hoja por debajo de la puerta le daría elementos para condenarme y de ninguna manera lo haría cambiar.

Regresé a mi habitación y nuevamente me refugié en los escritos de Yolza. Los hojeé un rato y al fin extraje uno de la segunda carpeta (su material para conferencias).

Por aquellas coincidencias extrañas de la fortuna, en esas notas se me dieron con enorme claridad las respuestas que buscaba.

Antes de atreverme a comenzar la lectura leí varias veces el título.

---

[9] Proverbios, 15, 1.
[10] Proverbios, 15, 4.
[11] 1 Pedro, 3, 8'9.
[12] San Lucas, 23, 34.

TRES PASOS PARA LA SUPERACIÓN PLENA

INTRODUCCIÓN

Las Verdades del Amor existen desde siempre. Son parte de la creación divina.

Para CRECER verdaderamente es imprescindible que te pongas en contacto con ellas. Búscalas en los buenos libros de superación personal, en la Biblia, en conferencias sobre éxito, en homilías, en tratados de moral, en consejos de amigos, en poesías, en canciones. Las Verdades del Amor están a tu alcance y debes empaparte de ellas. Con su ayuda irás descubriendo una poderosísima energía interior que hay dentro de ti y que hasta ahora desconoces. Una energía con la que lograrás la realización diaria y la felicidad.

Las formas en las que las "verdades" se nos dan son extraordinariamente variadas, bien que por lo mismo existe el gran peligro de quedar inmune a ellas. Casi cualquier persona ha escuchado muchas a lo largo de su vida y eso les hace suponer que lo saben todo. Por eso es tan difícil aconsejar a un adulto y por eso las personas adultas se superan con tan vergonzosa lentitud (en comparación con la celeridad con la que los jóvenes se superan).

Todo lo que digas a la mayoría de los adultos respecto a cómo mejorar son sentencias que de una u otra forma ya conocen; pero no es suficiente con manejar los conceptos o recitarlos como predicador; hay hombres que atesoran toda la sabiduría del éxito y sin embargo son unos perfectos fracasados.

Así pues, es imprescindible leer mucho, documentarse ávidamente y, al hacerlo, seguir cuidadosamente tres pasos para que todas las leyes leídas funcionen:

PRIMER PASO: DOBLEGA TU ORGULLO

Imagina que estás al borde de una montaña, justo en el punto en que si das un paso más caerás al precipicio. Te detienes y miras. Frente a ti, cerca pero inalcanzable, se halla otro monte con verdes prados; puedes verlo perfectamente, pero no puedes cruzar. Necesitas un puente. Exactamente así está la gente que presume de poseer sabiduría, pero que es desdichada. Conoce y es capaz de mencionar los secretos para triunfar, pero no puede vivirlos. Se halla al borde del precipicio y, aunque vislumbra la montaña de la superación con toda claridad, ésta forma parte de su entendimiento pero no de su vida. Le falta un puente para poder cruzar hacia ella: PUENTE DE LA HUMILDAD.

Cuando escuches consejos de amor reconócete imperfecto; por más que te quieras a ti mismo, date cuenta de que aún te falta mucho por aprender y que incluso un niño puede enseñarte si eres receptivo. Sensibilízate y deja a un lado el orgullo y la vanidad. No pierdas el tiempo murmurando sobre las apariencias. Evita a toda costa distraerte haciendo críticas insanas en relación con el aspecto o voz del orador en una conferencia; no te recrees inútilmente buscando errores al estilo de un escritor; no te burles de las expresiones confusas; no censures los defectos del maestro. Sé humilde y permanece atento para que seas capaz de traspasar la densa niebla de las apariencias y recibas el chispazo de la luz que se te dará. Tu vanagloria puede impedirte entender hasta las verdades más evidentes. No seas como los necios que se creen superiores al que está narrando una historia sólo porque ya la han oído antes y se adelantan ufanos contando el final.

Exclúyete y aprende.

Nunca pienses "es obvio", "eso yo ya lo sabía", "no es nada nuevo para mí", "tanto para llegar a algo tan conocido". Los adultos estancados repiten estas frases con frecuencia. No basta con saber las cosas, hay que vivirlas. El que abre su mente es sencillo de corazón y guarda silencio dispuesto a aprender, consigue asimilar lo que el ufano sólo consigue oír. No hay otro primer paso hacia la grandeza: doblega tu orgullo.

Al hacerlo comenzarás a cruzar el puente de la humildad y entonces ocurrirá en ti el fenómeno ineludible: te sensibilizarás y conmoverás. Incluso llorarás. Cuando el orgulloso logra quebrantar su ego, se emociona y con lágrimas en los ojos reconoce: ¡Realmente es grande y poderoso esto que escucho; yo lo sabía pero nunca lo había meditado tan a fondo! Y sólo entonces empieza a crecer.

SEGUNDO PASO: PERSEVERA EN SOLEDAD

¿Qué hay del otro lado del puente de la humildad? ¿Qué ocurre en la mente humana después de que lo cruza, se conmueve y llora?

Se pisa un prado en el que podemos vivir en carne propia los conceptos de superación y nos inundan enormes deseos de cambiar. Anhelamos ser mejores, hacemos planes, nos abrasa la llama de la automotivación y nada más. Casi siempre hasta ahí llegamos para después de unos días regresar por el mismo puente rumbo a la mediocridad de antes, sólo que ahora creyendo tener la experiencia y la sapiencia de palabras hermosas, aunque inútiles.

Lo anterior nos ocurre al volver a las actividades y problemas diarios después de un retiro espiritual, una conferencia o la lectura de un libro que nos hizo reflexionar.

Es un fenómeno del hombre oridinario: siempre olvida sus propósitos y vuelve a ser como antes.

Si quieres superarte, debes tener la precaución de no regresar.

Una vez que aprendas algo y te propongas aplicarlo, hay que dar el segundo paso: **Luchar en soledad para interpretar a tu modo los conceptos.**

La filosofía del éxito es como un perfume que no puede olerse hasta que no lo combinas con tu propia esencia. No aceptes sin pensar las cosas que se te digan porque sería igual que si no se te hubieran dicho. Sólo cuando dilucides a tu manera las teorías de otros las convertirás en tu verdad.

Al llegar a este punto debes entablar largas pláticas a

puerta cerrada contigo mismo; debes orar, meditar, relajarte, hacer que los conceptos penetren en ti, llegando a tus propias conclusiones, poniéndote de acuerdo contigo y nada más que contigo de la manera en que aplicarás en tu vida lo aprendido. Esta práctica en soledad es imprescindible y debe ser constante, debe volverse un hábito. Sólo en ella el concepto de "Dios" deja sus matices mitológicos para brindarte alternativas de realidad.

Hay mucha gente que le teme a la soledad, que apenas se ve apartada enciende la televisión o llama a algún amigo por teléfono; es gente que nunca deja el fango de la mediocridad. Aprende a encontrarte contigo mismo para disfrutar de tu propia compañía. Sólo así asimilarás la sabiduría que te llevará a la cima.

TERCER PASO: DA TESTIMONIO DE TUS CONCLUSIONES

Una vez que hayas permanecido en el valle de la meditación a solas, deberás compartir tus conclusiones con la gente. No tengas miedo de decir algo que ya se ha dicho. Tu manera de comunicarte puede ser, para muchos, más poderosa y reveladora que las que conocieron anteriormente. Dios puede usar tu estilo único de expresarte para salvar alguna vida perdida. Así que habla, escribe, dicta cursos, da consejos, conviértete en pregonero del amor que has logrado asimilar y vivir en soledad.

Sólo cuídate de no volverte un charlatán o un presumido. No te ufanes de tus conocimientos, no enseñes con altivez. Para hablar debes practicar constantemente la humildad de espíritu y la meditación en soledad. Si así lo haces, aconseja sin miedo. No importa que aún no hayas comprobado la eficacia de tus teorías, porque **nunca lo lograrás hasta que las compartas.** Hay gente muy profunda que no dice cuanto sabe porque espera que sus secretos la transformen primero en alguien superior. Pero eso nunca ocurrirá. Para que las verdades del amor transformen a una persona debe cerrarse el círculo de compartirlas. Es una especie de broche de oro que sólo muestra su brillo cuando *se exteriorizan los nobles ideales. Es una ley infalible: los escritores de superación, los psicólogos, los laicos y hasta los sacerdotes mismos sólo empiezan a vivir plenamente las ideas en las que creen hasta que se comprometen con ellas al divulgarlas.*

Los grandes tesoros que no se comparten se vuelven agua estancada que en poco tiempo se descompone y hace daño a quien la tiene.

Es importante recordar que para lograr el éxito en la vida se requiere, primeramente, ponerse en contacto con los conceptos del amor, y una vez frente a ellos seguir tres simples pasos:

1. **La humildad de corazón.**
2. **La meditación en soledad.**
3. **El testimonio de tus conclusiones.**

No puede faltar ninguno de los elementos.

Ahora ya lo sabes. El camino hacia el éxito está a tu alcance. Sólo falta que lo transites.

6

ALBOROTO EN EL AULA

Estaban comenzando a bajar la pesada cortina de herrería cuando entré al establecimiento. Mi respiración era agitada y sonora. Tal vez por eso decidieron atenderme, aun cuando fuese hora de cerrar.

—Quiero una copia de cada hoja —dije jadeando, al momento que depositaba sobre el mostrador el voluminoso contenido de las tres carpetas.

—Tienes que dejarlas para recogerlas después.

—No puedo. Me urgen. Debo devolverlas mañana temprano.

Era verdad.

La empleada hizo un gesto de franca molestia y volteó a ver a su patrón. Éste personalmente se acercó y tomando los folios comenzó a fotocopiarlos.

Me entregaron las hojas terriblemente desordenadas. Pasé casi una hora acomodándolas en mi casa. Pero valió la pena. No podía devolver el portafolios a su propietario sin conservar para mí copias del material que había causado tan excitante revolución en mi estado de ánimo.

Con la calma de quien ve los toros, ya no desde la barrera sino en la comodidad de su sala en una videocinta retrospectiva, puedo decir ahora que fotocopiar esas hojas fue el acto más sensato que tuve en mi juventud. Cuanto hoy delineo con la pluma son recuerdos de hace muchos años que, aunque escritos cronológicamente, los extraigo de un banco de memoria en el que aparecen unidos, revueltos y enmarañados. Desde aquella época ya pensaba en escribir lo aprendido, pero ahora me doy cuenta de que no podría hacerlo fielmente careciendo de esas copias fotostáticas en las que me apoyo tanto y que, por cierto, a lo largo de mi vida he leído y releído. Me percato, incluso hoy, de que quizá por esa influencia tan grande he adoptado una forma de redactar muy similar a la usada por el director en sus apuntes. Por eso los comentarios hechos aquí y puestos en la boca del joven que yo era entonces probablemente no correspondan al lenguaje florido y vulgar que realmente solía usar.

Al día siguiente llegué muy temprano a la escuela. Antes que el señor Yolza y que Gabriela. Espié durante unos minutos al aseador y, cuando éste salió de la oficina trapeando con la vista fija en el embaldosado, me escabullí para depositar sobre el escritorio de la dirección el portafolios de piel. No dejé ni una nota ni quise esperar al propietario. Entré a clases como saeta, frotándome las manos sudorosas en el pantalón.

Otra vez me había salido con la mía.

No iba a ser siempre así.

Nuestro profesor llegó tarde a la clase. El aula estaba ligeramente sobreocupada, así que la algarabía de los pupilos sin quehacer era casi una romería. Unos vocalizaban, otros, en grupitos, contaban chistes de alto contenido erótico-filosófico, otros se jaloneaban y se golpeaban en un retozo brusco y peligroso. Unos pintarrajeaban las paredes mientras otros jugaban al perro y la liebre persiguiéndose groseramente sobre los pupitres y compañeros como si no existieran. Los vapores iban subiendo de tono al paso de los minutos.

Un profesor impuntual en una escuela preparatoria puede ser el culpable de que los alumnos terminen quemando las instalaciones. Y el profesor Ricardo era impuntual, además de tímido y ansioso.

Cuando entró al salón con cuarenta minutos de retraso, nadie hizo el menor intento por comportarse. El recinto se había convertido en una bacanal. Pululaban los gritos y quejidos, émulos de aullidos, balidos, mugidos y bramidos. Ésos encima de éstos opinaban sobre las chicas, y las chicas se quejaban agrediendo como respuesta a aquéllos. Hacía calor y había humedad. El profesor intentó callarnos, pero fue abucheado estrepitosamente, a más de recibir proyectiles manufacturados con bolas de papel, cuadernos y lápices. Como niño asustado se cubrió el rostro impotente y todos nos reímos de él. No éramos un grupo de delincuentes como los que se ven en las películas estadounidenses de pandilleros; sólo éramos muchachos comunes y corrientes empuñando erróneamente el estandarte de la libertad. En esa escuela casi cualquier maestro hubiera podido detener la batahola y controlarnos, pero no Ricardo. Le faltaba autoridad. Siempre le había faltado.

—Jóvenes —nos espetaba casi inaudiblemente—: tranquilícense o llamaré al director.

Pero sabíamos que no se atrevería a hacerlo; era como declarar abiertamente ante su jefe lo incompetente que era.

Sin embargo, infiero que el ruido producido ese día en ese lugar traspasó uno tras otro los canceles de la escuela porque repentinamente la puerta se abrió y apareció el señor Yolza. Los gritos fueron bajando de intensidad hasta convertirse en murmullos.

Todos volvimos a nuestro sitio escudándonos en la quietud del grupo. Nadie estaba dispuesto a dejarse culpar por lo allí ocurrido.

El director entró al aula haciendo a un lado con los pies la basura que encontraba en su camino. Fulminó con la mirada al profesorzucho, quien bajó la vista avergonzado, y luego nos miró a nosotros. El hombre tenía presencia y autoridad. En varias ocasiones se le había visto expulsar sin ningún temor a compañeros altaneros dos veces más corpulentos que él. Además: era su escuela.

De inmediato me percaté de que en la mano derecha traía la carpeta azul del portafolios, la que contenía sus apuntes a máquina, como si al estar revisándolos hubiese tenido que venir de prisa al salón trayéndolos consigo sin darse cuenta. Me sentí sumamente angustiado al pensar que pudiera mencionar algo del botín recientemente recuperado, así que me agaché tratando de pasar desapercibido.

Se paseó frente al pizarrón sin hablar; cuando advirtió de reojo las obras pictóricas en él realizadas, se dejaron oír unas risillas furtivas: plasmada sobre el encerado estaba la caricatura flacucha y larga del profesor Ricardo unida morbosamente a la rechoncha efigie de la profesora Anita. Dentro del contorno, como en una radiografía clandestina, se habían dibujado los entes sexuales de los docentes: un renacuajillo narigón arrojándose sobre una pelotilla sonriente que le alargaba los brazos.

Yolza tardó un poco en reaccionar. Finalmente empuñó el borrador e hizo desaparecer con mano firme la ilustración.

"Es una lástima", pensé, "realmente era un buen dibujo."

Luego pasó la mirada sobre su caprichoso público y movió la cabeza. Lucía cansado y preocupado. En su talante no se advertía enojo alguno, era más bien algo parecido a la desilusión.

—No me molesta lo que ha pasado aquí —dijo finalmente con voz grave—; son jóvenes, están llenos de energía, la euforia se desborda por sus músculos —se encogió de hombros—. No me molesta… es normal… Quiero decir, yo también fui estudiante y era divertido alocarse y desafiar a la autoridad. Yo entiendo eso…

Parecía un cenobita luchando por comprender filosofías ascéticas. Comenzó a caminar de un lado a otro del salón muy lentamente. Los alumnos estábamos desconcertados. Esperábamos una fuerte reprimenda y he ahí que el máximo censor se paseaba frente a nosotros como si tuviera un gran problema y necesitara de nuestra ayuda.

—Estoy tratando de entender —comenzó a alzar la voz— por qué jóvenes mayores, como ustedes, que deberían estudiar ya en la Universidad, han decidido echar a perder su vida. Por qué no están preocupados por salir del hoyo, por qué siguen reprobando materias con tan despreocupado descaro, por qué se siguen comportando como adolescentes de trece años… ¿Por qué…?

Al llegar a este punto había aumentado tanto el volumen de su voz que los murmullos iniciados cuando lo vimos titubear desaparecieron totalmente.

Yolza levantó con la mano derecha la carpeta azul que contenía los apuntes de superación y espetó:

—He pasado noches enteras tratando de descifrar la razón por la que tantos muchachos, aparentemente normales, hijos de buenas familias, se dejan arrastrar por la abulia y se vuelven rebeldes fracasados. Pero me faltan elementos —dejó caer el legajo sobre el escritorio como si nada de lo que hubiese en él sirviera—. Ustedes son esos jóvenes, y una de dos: o hay algo en sus sentimientos que aún desconozco o son una sarta de necios "cuadrados"...

Las palabras del director provocaron excitación en el ánimo de varios de nosotros. Él no había ido a corregirnos ni a castigarnos. Tenía finalidades distintas. Quería meterse en nuestras vidas y eso, por desusado, nos puso inmediatamente a la defensiva; pero a la vez, cosa curiosa, nos agradó sobremanera.

—Quiero hacer hoy lo que nunca he hecho. Hablar con ustedes como un amigo. Un amigo que se interesa por ayudar, pero a la vez necesita ayuda. Me quita el sueño pensar que la fiesta romana que se armó aquí hace unos minutos es el común denominador de sus vidas. Y no sé si me entiendan, pero si soy incapaz de cambiar eso, mi trabajo en este lugar pierde totalmente su sentido.

Yo sí lo entendía. Mis compañeros no. Pero nadie habló. Todos parecíamos dispuestos a escuchar. Los inteligentes presentían algo benéfico y el resto al menos estaba dispuesto a participar de esa clase tan fuera de lo común.

—Voy a comenzar dándoles mi punto de vista, pero les advierto que no he venido a sermonear. Quiero escuchar lo que piensan, quiero rebatir y que me rebatan. Hoy todos vamos a sacar algo bueno de esta sesión. ¿De acuerdo?

Nadie contestó. Estábamos acostumbrados a los regaños, las amenazas y los gritos, y esa actitud de complicidad nos desconcertaba. El director parecía ávido de comunicarse, como si estuviera seguro de que obtendría algo, ya de esos jóvenes desconocidos, ya de esa sarta de necios "cuadrados".

Recordé que *la sencillez de corazón* era el primer paso para aprender; recordé que para poder recibir un mensaje no debía criticar, ni buscar defectos, ni censurar la apariencia del expositor y, puesto que estaba recibiendo un ejemplo claro de humildad, yo mismo quise concentrarme en ella.

Ignoro lo que mis compañeros pensaban, pero se adivinaba un ambiente ansioso. Lo que sí sé es que ninguno imaginó que esa ocasión se convertiría en una de las lecciones más inolvidables de nuestras vidas.

—He llegado a la conclusión de que la mayoría de ustedes son maduros en muchos aspectos, excepto en uno: *su sentimiento de aceptación social.* Por eso han fracasado en los estudios y por eso hacen tantos dislates. La gente necesita ser aceptada y querida por los demás. Es una necesidad psicológica del ser humano; prueba de ello es que cuando nos vemos desplazados o ignorados, la ira se despierta fácilmente en nosotros. Así de simple: ustedes no se sienten lo suficientemente queridos y aceptados...

Nadie pareció en un principio muy de acuerdo con el diagnóstico y varios de mis compañeros se adelantaron al borde de su silla dispuestos a protestar. Me emocioné un poco. La polémica se ponía interesante. El director caminó hacia el escritorio, tomó la carpeta azul entre sus manos y hojeó el contenido hasta que se detuvo y comenzó a leer.

—El individuo que se cree poco aceptado adopta algunas de las siguientes actitudes:

1. *Se retrae para convertirse en un ser callado, tímido y huidizo.*

2. *Hace bromas, chistes pesados o protagoniza agresiones, siempre escondido entre los demás.*

3. *Tiene una marcada tendencia a hablar de sí mismo y no es capaz de escuchar a alguien sin pensar a la vez en lo que contestará para seguirse vanagloriando.*

4. *Adopta actitudes fingidas y acomodaticias. Para ser aceptado aparenta ser lo que no es y dice pensar lo que no piensa.*

5. *Es tímido y servil con los poderosos y autoritario y burlón con quienes creen tener poder.*
6. *Se autoetiqueta en casi todo. Con frecuencia se clasifica diciendo "yo soy de las personas que…"*
7. *Se preocupa excesivamente por su apariencia física.*
8. *Critica constantemente a los demás.*

La voz del señor Yolza resonó en el aula como si tuviera eco. Cerró su carpeta lentamente y nos miró a uno por uno por primera vez. Mis compañeros, que parecían tan dispuestos a objetar, lo habían pensado mejor. Así que cuando levanté la mano todos me observaron ansiosos. Yo mismo me asombré de haberlo hecho, pero eso que el maestro leyó me parecía desmedido. ¡Me identificaba con los ocho puntos!

Cuando Yolza me dio la palabra, el corazón comenzó a latirme hasta el dolor. De algo pude estar seguro en ese instante: nadie saldría de ahí sin haber aprendido algo.

7

LA ESCALA DE GENTE PRIORITARIA

—No estoy de acuerdo —proferí sin haber previsto lo que deseaba expresar—. Es decir, puede ser que nos falte eso que usted mencionó, porque yo me identifico con los ocho puntos...

Una carcajada colectiva, que diluyó la tensión y me produjo una sonrisa inesperada, interrumpió mi disertación. Yolza también sonrió.

—Esperen —levanté una mano tratando de recuperar el silencio—, me refiero a que si ser aceptado por los demás es una necesidad tan importante, no creo que haya una sola persona capaz de satisfacerla. Siempre habrá alguien que nos desprecie.

Un murmullo matizado aún de cierta hilaridad por mi reciente confesión se levantó como señal de acuerdo. Tomé asiento complacido.

—¿A qué te refieres, Gerardo? ¿A ser aceptado y querido por *todos*? —preguntó el licenciado poniendo un exagerado énfasis en la palabra *todos*—. Si es así, estás en lo correcto. No existe nadie en esta tierra que pueda conseguir eso, pero hay ocho características en el individuo que se siente rechazado y no todos las manifestamos, así que ¿dónde crees que está la clave?

Me quedé mudo percibiendo cómo se incrementaba nuevamente mi frecuencia cardiaca. ¿La clave? Recuerdo que recién esa noche juzgué la respuesta como algo evidente, pero en ese preciso momento no se me ocurrió nada.

—¿Una escala de valores? —dijo tímidamente la menuda pero inteligente compañera Avelina.

—¡Exactamente! —explotó Yolza—. ¡Eso es! Aunque no le llamaremos de "valores" porque tendríamos que mencionar consignas como procurar la honradez, adquirir cultura, defender la verdad y otras similares. Mejor llamaremos "escala de gente prioritaria". Es preciso, o mejor diré "es urgente", que cada uno de ustedes haga una lista de las personas con quienes convive para después clasificarlas en orden de importancia: novia, amigos, compañeros de escuela, de trabajo, conocidos, vecinos, familiares lejanos, padres, hermanos, etcétera. Y una vez hecho esto, poner especial cuidado en cultivar no sólo la aceptación, sino el amor mismo de quienes ocupen los primeros sitios en su escala. ¡El resto de la gente no debe interesarles en este aspecto! ¿Entienden eso? Si algún compañero de poca jerarquía para vuestro sentido de aceptación les pide que hagan algo en lo que no están de acuerdo y ustedes se niegan, el rechazo, la burla o la agresión que obtengan por negarse no podrá afectarles. Tal vez les incomode, pero nada más. Cada uno de ustedes conoce sus prioridades. Son amados por la gente que les importa y listo. Ante ustedes mismos y ante los demás comenzarán a desplegar la imagen de personas maduras y firmes que no son títere de nadie. Dejarán de seguir el juego a los insolentes que alimentan su seudoseguridad llamando la atención y no participarán más en tertulia como la que se organizó aquí hace un rato.

Yolza terminó mirándome otra vez directamente. Tal vez por casualidad..., tal vez no.

—¿Qué piensas? —me preguntó—. ¿Cuál sería tu escala de gente importante?

Me negué a contestar. Si por haber tomado en "préstamo" su portafolios un par de días estaba decidido a acribillarme a preguntas, yo le demostraría lo tozudo que era capaz de ser.

Además, el licenciado podía estar seguro de que no figuraba en mi lista de gente prioritaria, así que su rechazo me sería indiferente.

—¿Alguien desea participar?— preguntó al detectar mi poca

disposición a hacerlo y señalando con el índice a Tomás, un compañero a quien descubrió distraído.

—Bueno —contestó éste para nuestra sorpresa—, yo diría que las personas importantes para mí son mi novia y dos, no más bien tres amigos; luego mi mamá y después todos los demás.

—Bien —asintió Yolza meditabundo—, ¿alguien más?

Aunque de momento no hubo quién se atreviera a hacer pública su escala, al poco rato las opiniones se sucedieron una tras otra. El licenciado moderaba la longitud de las intervenciones dando y quitando la palabra, en espera quizá de un juicio más organizado y maduro. Su naciente sonrisa de triunfo se asomaba para desvanecerse una y otra vez. Finalmente, cuando nadie más quiso opinar, se frotó la barbilla en gesto dubitativo y volvió a su carpeta azul para decir mientras la hojeaba.

—En estas páginas tengo transcritos parte de unos textos antiguos muy interesantes que versan sobre la moral y el éxito. Uno de los primeros puntos que tratan es precisamente del que estamos ocupándonos ahora.

Detuvo su elocución para echar un largo vistazo a los rostros de sus jóvenes oyentes. "Escala de valores" y "gente prioritaria" eran asuntos sobre los que no solíamos meditar. La mayoría de los muchachos de mi generación vivíamos sin más complicaciones que simplemente vivir. Obviamente no era el camino más seguro.

Tadeo Yolza comenzó a leer sus notas con la seguridad de quien pregona una ley infalible:

El hombre sano y triunfador exalta su corazón primeramente a Dios y nada más que a Dios. Y en segundo lugar a su familia. Después puede querer a cualquier otra persona, pero si los primeros dos sitios del espíritu se alteran, sobreviene el desequilibrio y con el desequilibrio el mal...

Un largo silencio nos envolvió. No hubo uno solo que manifestara ese orden en sus prioridades: primero Dios y luego la familia.

—El tema de "Dios" —retomó el director—, es delicado

porque se trata de un concepto muy personal. Tiene que ver de algún modo con cierto tipo de crecimiento interno similar al físico y cuyo análisis nos llevaría horas. Por hoy pensemos simplemente en Dios amor. No en el dios de los fanáticos chiflados que matan y violan los derechos de otros por "inspiración divina". Concéntrense en el Amor Infinito y llámenle como suele llamarle. Es su Creador. De quien provienen y a quien se dirigen. Es la parte bella de ustedes, es la moral, la moral, la caridad, la esperanza; es su enorme deseo de bondad; es su razón trascendental de existir; es la persona de virtudes infinitas con la que de algún modo se relacionan; la persona que debe ocupar el primer lugar en su vida. Y nada más.

El director se detuvo como dudando si seguir o no hablando de esa prioridad.

Evidentemente decidió no hacerlo porque continuó de la siguiente forma:

—En segundo lugar deben tener en su corazón a su familia y después todo lo demás que deseen. No importa qué es lo que sea. *Pero no se cambie nunca el orden de las prioridades básicas, porque sobrevendrá el desequilibrio y con éste el mal.*

—¿A qué se refiere usted cuando dice "familia"? —preguntó irónicamente Tomás—. En la mía somos tantos que para las reuniones de Navidad tenemos que alquilar canchas deportivas.

Un nuevo jolgorio se suscitó en festejo a la chanza de Tomás, pero pronto se apagó. Se había despertado un interés verdadero por la plática.

—De acuerdo —contestó Yolza—. La familia a quien debes reservar tan importante sitio en tu escala de prioridades está compuesta por tus hermanos y padres. Nada más. Pero ten cuidado: cuando te cases, la familia que formes con tu esposa, tengas hijos o no, ocupará la primera jerarquía desplazando irrevocablemente a la de tus padres. En este salón no hay nadie casado, así que al hablar de la familia nos referimos a los padres y hermanos de ustedes, a quienes deberán fijar en el primer sitio de importancia después de Dios.

El silencio que siguió no era de avidez ni de meditación: era de desacuerdo, de ira. Los que antes se habían adelantado al borde de su silla lo habían vuelto a hacer como dispuestos a saltar sobre el orador. El resto, incluso los distraídos habituales, ahora se hallaban atentos con gesto de contrariedad.

Sonia, una jovencita de largas trenzas, no destacada precisamente por su desenvoltura, comenzó a objetar con intensidad decreciente, de modo que hacia el final de su intervención nadie entendió lo que dijo:

—Eso es ilógico. Nuestros padres pertenecen a otra generación. No nos entienden ni los entendemos, además... —y aunque siguió moviendo la boca, su vocecilla se perdió por completo en el limbo.

—¿Puede explicarse mejor? —la invitó el licenciado, pero Sonia no quiso volver a hablar.

Al verme libre de presiones me puse de pie presa de una excitación indecible, dispuesto a refutar al adulto que tan interesado se había mostrado antes en mi discernimiento.

—Yo no sé nada de Dios —dije con voz fuerte aunque extrañamente aguda—. Si existe, creo que es un ser injusto e indiferente, pero como ya se mencionó, eso sería tema largo. Yo quiero hablar de lo que, según usted, debe ser nuestra segunda prioridad: la familia. Pues bien, yo no aguanto a la mía, o mejor dicho no aguanto a mis padres, así que les hablo lo menos que puedo, los ignoro porque no se merecen otro trato, parecen de palo cuando reclamo, por lo tanto no me dirijo a ellos más que para lo necesario. Ellos se lo han buscado. No han sabido ser mis amigos. Claro que los obedezco cuando me ordenan algo. Siempre lo hacen gritando y de mala gana y yo ejecuto sus mandatos sin objeción, pero los maldigo por dentro. A veces pienso en darles una buena lección. Se lo merecen. Pero no lo hago. Quiero mantener mi conciencia limpia.

Risas, aplausos, felicitaciones y protestas fueron todo uno. No pude seguir porque Adrián, un compañero de los que llamábamos "fresas" por sus alusiones continuas a la opulencia, tomó la palabra:

—Todos los adultos son iguales. A los muchachos nos odian porque somos diferentes. Ya se les olvidó que ellos también fueron rechazados por sus padres. Es una ley natural. Yo no me llevo bien con mis papás porque es lo natural.

—¿*Natural?* —contestó violentamente el licenciado con la quijada extrañamente desacomodada de su lugar—. Yo sí te voy a decir lo que no es natural: que un joven neófito e improductivo venga en coche a una escuela de paga, cargando su teléfono celular en la mochila.

—El dinero no lo es todo —se defendió Adrián.

—No lo es todo, pero vienes en carro ¿no? Y tienes para ponerle gasolina, vistes bien y, al igual que tus compañeros presentes, tienes una casa a donde ir cuando sales de aquí... Y en esa casa hay una recámara donde duermes. No lo es todo, es cierto, pero ¿qué tal lo disfrutas? ¿Qué tal lo disfrutan todos ustedes?

No fui el único que quiso rebatir. El descontento era general, pero el maestro alzó aún más la voz para evitar ser interrumpido.

—Sus padres no son malos, reconózcanlo. ¡No tienen en lo absoluto malas intenciones para con ustedes! ¡La vida de ellos gira alrededor del trabajo y la imponente responsabilidad de dirigir un hogar en el que no quieren que falte nada! ¡Con gran esfuerzo han ganado lo que tienen, para regalárselo a ustedes! ¡Entiendan eso! Si ellos son tan despreciables y no merecen su amistad, ¿por qué ustedes reciben sus regalos? ¿Cómo pueden ser ustedes tan viles para zamparse lo que les dan sin protestar y a cambio, por lo bajo, aborrecerlos? ¿No les parece una bajeza? Si tan razonablemente argumentan que no quieren saber nada de ellos, ¿qué hacen allí viviendo a su lado? ¿Por conveniencia? Tomando la casa como un hotel, ingiriendo a diario comida que no tienen idea de cómo se consiguió ni preparó, listos siempre para exigir bienestar sin estar de ningún modo dispuestos a corresponder. Y no me vengan con que es obligación de ellos darles dinero, comida y casa porque hay muchos, muchísimos padres que no lo hacen —bajó un poco el tono de su elocución para proseguir con el aire de quien confiesa un gran temor—. Yo tengo dos hijos y vivo por ellos. Todo lo que hago, de una u otra forma, es en pos de su bienestar y —bajó la cabeza consternado—, ¡qué injusto y triste sería para mí que dentro de poco decidan ignorarme sólo porque a su juicio no he sido el padre ideal! Y lo peor es que seguramente será verdad; no lo habré sido, pero Dios sabrá cuánto habré luchado por serlo. Si mis hijos y yo llegamos a sentir un antagonismo como el que se ha referido aquí, más honesto será que vivamos lejos. ¿Entienden esto? ¿Qué hacen ustedes en la casa de sus padres si ellos no merecen su amistad? ¿Extraerles lo que ellos producen como verdaderos parásitos?

—Basta —protesté no pudiendo soportar tan enconado ataque—. Mi hermano se fue de la casa —anuncié con cierto aire de presunción— y ¿sabe una cosa? Yo también estoy pensando hacerlo muy pronto.

—¡Pues adelante! No es sano que vivas con gente a la que detestas tanto. Lárgate de ese lugar igual que Saúl y dales un poco de paz a tus padres.

Tomé mis cosas enfurecido y traté de salir por la puerta, pero el director se interpuso.

—Antes terminarás de oírme, Gerardo. ¿Ya pensaste dónde puede estar tu hermano? Él regresará pronto, terriblemente arrepentido de haberse ido. Y si no regresa, jamás logrará enderezar su vida. Piénsalo un poco. No hay nada como nuestro hogar, por más defectos que tenga. Si huyes tendrás que buscar refugio en casa de algún amigo o familiar para convertirte, ahora sí públicamente, en un arrimado mantenido, y eso mientras te aguanten. ¿Buscarás trabajo? ¿Y de qué? Si no sabes hacer nada. No estás capacitado. Andarás rodando de un lado a otro como vagabundo y dejarás de estudiar. Tal vez consigas empleo de mozo y te hables de "tú" con las escobas y los desinfectantes para baños; serás tratado como un borrico por la gente y aprenderás a odiar cada día más a tus progenitores, a la par que recordarás tu cama suave, tu hogar limpio, tu sopa caliente, luchando por salir del fango y hundiéndote en él cada día más. Conocerás muy de cerca la droga, la prostitución, la delincuencia y todo porque eres un necio que se cree injustamente tratado por sus padres, cuando seguramente has sido tú quien los ha calificado con injusticia.

Sin darme cuenta había ido retrocediendo paso a paso hasta volver a mi lugar. Sentí una terrible presión en mi pecho a punto de estallar. Me desplomé en la banca y bajé la cabeza. Tadeo Yolza continuó hablándome con voz más pausada y suave.

—No seas tonto. Tienes una familia. ¡La tienes! ¿Cuánto vale lo que tienes? Si te dieran cien millones de pesos por la vida de tu madre, ¿permitirías que se muriera? Si te pagaran doscientos por tu papá, ¿lo dejarías morir? Tú posees lo que muchos jóvenes quisieran: unos padres que, es cierto, no son perfectos, pero a su manera sólo viven para darte lo mejor. No te corresponde juzgarlos ni criticarlos; te corresponde amarlos, perdonarlos. Con tus actitudes rebeldes lo único que consigues es que ellos te traten con energía, confundidos y temerosos porque quieren educarte y tienen muchas dudas sobre cómo hacerlo. Nadie les enseñó a ser padres. Pero puedes estar seguro de que sus intenciones son las mejores y anhelan proceder con bondad. Dices que no saben escucharte, pero ¿por qué han de hacerlo si tú tampoco los escuchas? Y no me refiero al acto de callar cuando te hablan; me refiero al hecho de interesarte en sus sentimientos (¡porque ellos también tienen sentimientos y sufren y temen igual que tú!), de preguntarles sobre sus tensiones y problemas, de darles una opinión sincera al respecto, de adentrarte *realmente* en sus vidas con el interés y agrado de alguien que los ama de verdad.

Una lágrima cayó sobre la paleta de mi banca y mi visión nublada se aclaró un poco. Cuando éramos más chicos, mi padre solía comentarnos las cosas que le ocurrían en el hospital y todos opinábamos. Poco a poco él se fue percatando de que sus asuntos ya no nos interesaban y dejó de platicar. Todo se combinaba en esa repentina tribulación: la comprensión de lo que seguramente estaba sufriendo mi hermano prófugo, la reflexión de lo mucho que mis padres debían quererme y el severo autojuicio de ser un vástago asaz ingrato.

—A ellos les fue mucho peor en su infancia —continuó el licenciado, ahora con el tono sereno y consolador que le caracterizaba—. Tú conoces su historia. Tus padres arrastran frustraciones y complejos que les fueron inculcados en lo más profundo de su ser hace muchos años. Neurosis inconscientes que les impiden actuar como a ti te gustaría, pero se han superado mucho, tú lo sabes. No los condenes por lo que no han logrado hacer. No los juzgues, ¡ámalos! ¡Así como son! Aprende a acercarte a ellos, hazlos partícipes de tu vida, cuéntales tus cosas y enséñales a escucharte, y si lo hacen mal perdónalos. No intentes expiarlos. Tus padres pagarán sus errores porque la vida no perdona los errores de nadie; pero evita convertirte en el verdugo ejecutor, puesto que tú, como hijo, también pagarás, y muy caro, los errores que cometas con ellos...

Apreté los puños tratando de controlarme, pero fue inútil. Comencé a llorar en silencio y con la cabeza baja. De cualquier modo todos mis compañeros se dieron cuenta.

Me dolió mucho cruzar el puente de la humildad por primera ocasión en mi corta existencia. Sobre todo porque ocurrió en público. Únicamente recuerdo haber llorado con tanta aflicción dos veces en la vida. Esa fue la primera.

8

EL SISTEMA EMOCIONAL

El aula, después de la reconvención a que me hice acreedor, quedó en un ambiente propicio para la asimilación de esas *verdades,* ocasionalmente mencionadas pero siempre rechazadas por la juventud.

Varios estudiantes de otros cursos que habían salido de su primera clase se hallaban de pie en la puerta tratando de escuchar la discusión. Tadeo Yolza los invitó a pasar.

—Adelante, aún hay algunas sillas libres.

En realidad quedaban muy pocas, pero los muchachos de cualquier modo entraron permaneciendo de pie en los pasillos. A los pocos segundos el lugar se había atiborrado de adolescentes curiosos, lo cual produjo una momentánea inhibición en quienes estaban deseosos de opinar. Pero en cuanto el desorden que ocasionó la inclusión de los nuevos oyentes comenzó a atenuarse, Avelina, la compañera menuda y sagaz, se puso de pie y pidió la palabra:

—Licenciado, quiero decir algo. Mi papá es autoritario y gruñón. Yo trato de sobrellevar su mal carácter eludiéndolo en lo posible y hasta lo busco cuando se enoja conmigo, sólo que con él no se puede hablar. Permanece irritado durante días enteros tratándome mal y entonces también me vuelvo grosera.

—¿Lo eludes lo más posible y cuando se enoja contigo lo buscas? —increpó con fingida extrañeza el asesor—. ¿Y por qué no intentas acercarte a él cuando todo está en calma, de modo natural, en tu vida diaria, como si realmente desearas su amistad?

—Lo hago —contestó Avelina emitiendo un gemido infantil.

—¿De veras? ¿Lo saludas por la mañana? ¿Lo abrazas y lo besas cuando llega del trabajo? ¿Le preguntas cómo le fue? ¿Le ofreces algo de tomar cuanto está descansando? ¿Le brindas tu ayuda cuando lo ves haciendo sus labores? ¿Le das las buenas noches siempre…?

—Soy su hija, no su esclava.

—¡Estás equivocada! *¡Tu compromiso con él es un compromiso de amor!* ¡Nadie se rebaja al demostrar amor!

Avelina guardó silencio frunciendo ligeramente los labios en ademán de desacuerdo. Fue Tomás quien intervino entonces haciendo gala de su habitual cinismo.

—Yo sí le hago reverencias a mi padre —dijo con una sonrisa gigante—, cuando mi madre me obliga.

Para su sorpresa fueron pocos los que rieron. En su intervención había más verdad que chanza. La mayoría de los hijos nos mordíamos la lengua y aguantábamos la respiración para ser amables con papá cuando mamá nos lo pedía.

—Qué ingenuidad —contestó Yolza alzando los brazos en ademán de desesperación—. ¿Nunca le has hecho caricias a un perro al que le tienes miedo? ¿Has visto cómo el animal gruñe y ataca al detectar la hipocresía? Si una mascota percibe cuándo le das cariño falso, imagínate el desagrado que debes de despertar en tu padre al acercarte a él artificiosamente. *Aunque no te lo diga, él se da cuenta de todo.* Entre familiares directos no se puede fingir: la sangre se habla sin palabras y siempre con la verdad, lo quieras o no.

Los vapores del desacuerdo se habían tornado en aires de reflexión. Yo solía presumir que mi actuación teatral era lo suficientemente acertada como para burlar a mi padre. Ahora me parecía una hipótesis precaria. La repulsa entre ambos tenía que deberse a algo *(la sangre se habla sin palabras y siempre con la verdad…).*

Una hermosa joven de las recién integradas levantó la mano. Calculé que tendría alrededor de diecisiete años. Me incorporé a medias para observarla bien. No la había visto antes. Hubiese sido imperdonable presenciar su particular encanto y desconocerlo después. Por si lo anterior fuera poco, también daba la apariencia de ser sumamente inteligente y seria.

—Mi nombre es Sahian —se presentó con exquisita seguridad—. A mí me pasa algo curioso que, a lo mejor, también le ocurre a otros. Mis padres y yo nos entendemos en aspectos superficiales, pero cuando se trata de opiniones más personales o problemas íntimos, la comunicación se corta radicalmente. Ellos dan sus puntos de vista con tal autoridad que no me es posible opinar. Entonces me desespero y contesto con violencia, a lo que le sigue siempre un regaño mayor. Si después de los problemas procuro acercarme a ellos con intenciones de aclararlos o incluso de pedirles perdón por mis faltas, no puedo hablar, ¿entiende eso?, ¡no puedo hablar! Y al verme titubear, mi padre, en especial, supone que soy una niña boba y comienza a darme consejos otra vez. Si insisto en comunicarme, señor director, se me hace un nudo en la garganta y se me quiebra la voz. A veces lo sobrellevo y vuelvo a intentarlo, pero mis palabras se pierden en un llanto terrible. Y sufro como no se imagina… No puedo hacerlo de otra manera. Algunas veces, al verme tan afligida y vacilante, ellos se sienten conmovidos, pero se controlan manteniendo su imagen invulnerable y yo regreso a mi cuarto más vacía y triste que nunca.

La joven terminó su revelación con un ligero quebrantamiento en la voz. Había hablado con una sintaxis y claridad superiores. Me quedé embelesado mirándola.

—Muy bien, Sahian —asintió el director—, es una opinión valiosa. Pero, como dijiste, lo que te ocurre no es raro. Yo recuerdo que a tu edad, aunque me llevaba relativamente bien con mi madre, me sentía muy alejado de mi padre. Si intentaba hablar de cosas serias con él, comenzaba a temblar y se me hacía un nudo en la garganta. Tiene que ver directamente con el sistema emocional de cada quien.

Tomó una tiza y en el pizarrón dibujó rápidamente la silueta de un cuerpo humano. En el interior marcó líneas representando conductos por los que circulaban los pensamientos. Varios compañeros, quizá más por costumbre que por interés, se apresuraron a copiar el croquis en sus libretas.

Del cerebro salían dos vías hacia la boca. Una directa, amplia y cortísima; otra sinuosa y larga, que bajaba al corazón para volver a subir.

—Lo que voy a explicarles es una figura apegada más a la filosofía que a la anatomía, pero que ciertamente puede serles de mucha utilidad —se volvió de espaldas para señalar en el encerado lo que iba explicando—. Imaginen que, así como en el cuerpo hay un sistema óseo, muscular, nervioso y demás, en él también existe otro sistema llamado emocional. Observen bien: todas las ideas se crean en el cerebro, y tarde o temprano deben salir para materializarse en actos o palabras. Vamos a suponer que la salida al exterior de cuanto se genera en la cabeza es por aquí —señaló con el dedo la cavidad bucal—. Si se trata de **ideas simples,** que por su intrascendencia pueden comunicarse a cualquiera que tengamos enfrente, *cruzarán este conducto rápido que une el cerebro y la boca* —lo remarcó con el gis—, pero si por el contrario se trata de **pensamientos íntimos,** profundos o personales, *bajarán por este otro canal hasta el corazón, donde se cargarán de emotividad* antes de continuar su rumbo hacia afuera. ¿Está claro? Es muy simple: el problema comienza cuando no dejamos salir esas ideas cargadas de energía sentimental y al almacenarlas pierden su esencia afluente para adherirse a las paredes de los conductos del sistema emocional, como el colesterol se adhiere a los del circulatorio. Imagínense los tubos de una persona introvertida que nunca manifiesta sus sentimientos. Deben de estar llenos de costras y pústulas endurecidas que obstruyen la salida de modo realmente crítico. Todos tenemos emociones atoradas y adheridas en los tejidos más sensibles de nuestra naturaleza. Por eso sacarlas cuesta tanto. Duele, Sahian; duele mucho arrancar de las entrañas inquietudes que se han añejado y confundido con otras que tampoco salieron a su tiempo. Intentas exteriorizarlas y lloras sin ninguna razón concreta; reconoces tu malestar, pero no alcanzas a vislumbrar sus causas. Te preguntan qué tienes y no consigues hablar algo cuerdo; tartamudeas, titubeas y te enfureces porque son demasiadas cosas y no es ninguna a la vez.

El director Yolza hizo una pausa para tomar aire y calmar su creciente furor. Luego continuó dirigiéndose a la muchacha:

—Pero ten mucho cuidado: si por esa sensación de dolor decides seguir callando, acumularás amargura, haciendo más gruesas las costras y obstruyendo aún más el camino a los sentimientos que vienen atrás. Las emociones deben fluir o tarde o temprano te harán explotar como un tanque de gas. Así que aprende esto bien: limpia tu corazón, aunque te duela; exterioriza tu intimidad hablando o escribiendo. Desahógate con tu pareja, si es que la tienes, o con un amigo, o en un grupo de autoayuda, o en tu familia. No temas abrirte a ellos. Hay infinitamente más posibilidades de que, al desahogarte con alguien, ese alguien, lejos de burlarse, te respete y ame mucho más. Pero aunque por mala fortuna te confiases en quien no aprecie tu valor, de todos modos habrás ganado al limpiar y sanear tu sistema emocional. Debes comenzar a sacar a flote tus sentimientos hoy mismo. Al elegir a las personas con quienes lo harás, piensa en tus padres. Enfrenta el reto de mejorar tus relaciones con ellos entregándoles lo más valioso de ti, sin medir lo que te darán a cambio. Háblales con el corazón, aunque eso te aflija, y verás que cada vez duele menos. Si los notas torpes para corresponderte, considera que ellos también tienen infinidad de emociones atoradas impidiéndoles comentarte con soltura sus sentimientos. Debes tomar la iniciativa para, a la vez, ayudarles, porque tus padres también necesitan ayuda. Si en tu juventud has de limpiar tus conductos afectivos, procura hacerlo con ellos. Háblales. No importa que te deshagas en llanto. Es necesario que enfrentes el dolor del lavado de tu alma; llora y luego échate en sus brazos y bésalos con todo el amor de tu ser. Expulsa el rencor acumulado, porque es al espíritu como el verano al cuerpo. Quiere a tus padres como son y los verás responderte con lo mejor de su intimidad; pero si no lo consiguen, perdónalos porque son humanos; ámalos porque ellos te aman más que a nadie en el mundo; y respétalos porque son la autoridad que Dios ha puesto en tu vida para guiarte.

Aun los que escuchaban desde la puerta por no haber logrado entrar al recinto se hallaban en absoluto silencio. La

ponencia del director había concluido con tanta fuerza y poder
que, en quienes no había movido emociones, había motivado
un ensimismamiento inusitado. Yo pertenecía parcialmente a
los dos grupos. No deseaba derramar más lágrimas, pero tampoco lograba desembelesarme del hipnótico testimonio.

Giré la cabeza y descubrí la gran cantidad de jóvenes allí
reunidos. Calculé que las clases se habían suspendido parcialmente porque entre el apiñamiento del exterior pude vislumbrar
a varios profesores.

El licenciado hojeaba sus notas con lentitud. Me encorvé
para extraer de mi portafolios las copias fotostáticas clandesti-
nas de las susodichas y, a mi vez, comencé a revisarlas.

Volví a detenerme en los apuntes de citas bíblicas. En aquel
entonces yo no tenía religión y me reía de aquellos que profesa-
ban alguna; pero me hallaba tan fascinado con lo que estaba
aprendiendo que las sentencias que otras veces me causaron dolor de estómago ahora me atraían sobremanera:

**Hijos, obedeced a vuestros padres en el Señor, porque
esto es justo.**[13]

**Ellos te han visto nacer y crecer. Te conocen mejor de
lo que crees.**

**Tus padres son capaces de ver en ti debilidades y
fuerzas que desconoces.**

**Que nunca te lamentes por haber ignorado su instruc-
ción.**[14]

**Honra a tu padre y a tu madre. Tal es el primer manda-
miento que lleva consigo una promesa: para que seas feliz
y prolongues tu vida sobre la tierra.**[15]

---

[13] Efesios, 6, 1.
[14] Proverbios, 1, 8.
[15] Éxodo, 20, 12.

Tadeo Yolza comenzó a hablar. Dijo algo respecto a una serie de señales que nos podían indicar el mal camino. Algo así como focos de alarma roja que debíamos evitar. No lo escuché. Seguí leyendo para mí las citas, presa de una inefable avidez intelectual:

Someteos todos a las autoridades, pues no hay más autoridad que no provenga de Dios, y las que existen por Dios han sido constituidas.[16]

Así que quien se opone a la autoridad va en contra de lo que Dios ha ordenado, y quienes se oponen serán castigados.[17]

Una autoridad es alguien con facultad de darte instrucciones y que, sin saberlo, es instrumento divino para indicarte el camino recto.

El mayor problema que tenemos con las autoridades es nuestro orgullo. Éste nos hace reñir con cualquier persona que intente decirnos qué hacer o cómo vivir.

Nada ha sido más destructivo y ha afectado más la existencia del hombre que el orgullo. Quien se opone a la autoridad se rebela contra la orden de Dios y los rebeldes atraerán a sus vidas la perdición.

Si te dejas guiar por tus padres, te dejas guiar por Dios; pero si te revelas, Él usará autoridades cada vez más duras y dolorosas con el fin de corregirte.

—¿Puede leer más despacio? Quiero escribir eso —pidió Sahian, que estaba tomando notas.

---

[16] Romanos, 13, 1.
[17] Romanos, 13, 2.

Al oír nuevamente su voz levanté la cara. ¿Qué había dicho? Me enojé conmigo mismo por estar distraído.

El maestro repitió con mayor énfasis y lentitud el párrafo que llamó la atención de la muchacha más bonita, mientras yo hojeaba mis apuntes buscando apresuradamente las palabras que se decían. Una nueva motivación me inundó: si esa joven deseaba escribir los últimos dos puntos de una lectura específica, tal vez yo pudiera ofrecerle los demás.

Hacía calor, pero los ojos extrañamente abiertos no parecían percatarse de ello. Hojeé y hojeé con la desesperación de alguien que busca un secreto de vida o muerte.

Yolza terminó de leer y agregó con voz potente y firme el colofón de su discurso:

—Todo esto le ocurrirá a ustedes si no se esfuerzan por lograr buenas relaciones con sus padres —contuvo unos segundos el aire y terminó—: *El que tenga oídos que oiga. El que tenga ojos que vea...*

El director fue rodeado por varios muchachos que deseaban hacer consultas personales. El resto de la gente empezó a irse.

Por mi parte, finalmente encontré lo que buscaba. Me levanté bruscamente y salí con premura rompiendo el armónico ambiente que se mantenía aun en el desalojo del aula. Giré la cabeza de un lado a otro hasta que la localicé. Sahian me había producido un hambre de *hablar* casi tan desesperante como el hambre de *saber* que me produjo Yolza. La alcancé y llamé cuidadosamente su atención tocándole el hombro.

—Hola —saludé en cuanto volteó a verme—, ¿me permites decirte algo?

La tomé de la mano dando muestras de una nunca manifestada galantería y la conduje hasta el patio. Ella me siguió sin hablar, frunciendo el ceño.

—Quiero mostrarte una cosa —le dije al fin—: los apuntes del director. Los tengo. Me los prestó para fotocopiarlos y como te vi tan interesada pensé que podrías quererlos.

—¿De veras los tienes? —brincó con la alegría de un niño al que se le promete un helado—. No lo puedo creer.

—Pero no los traigo completos —mentí—. En la tarde, si

aceptas, nos podríamos ver, ¿qué te parece? Te invito a tomar un helado.

Me miró fijamente como quien estudia un espécimen raro de animal. Tal vez entendió mis intenciones de conquista y una casi imperceptible sonrisa asomó a sus labios. Creo que no le parecí mal porque accedió.

Esa tarde, sentados a la mesa de un café, repasamos juntos varias páginas de los apuntes del director. Hallamos tanto notas soberbias como redacciones incomprensibles. Sahian me pidió que le permitiera copiar de su puño y letra los últimos diez puntos que leyeron al final y que yo, por distraído, no pude escuchar. Me explicó que quería fotocopiar esa hoja porque pretendía obsequiársela a su hermano menor como una carta personal. Al escribir se acercó tanto a mí que por mi mente cruzó el insano deseo de besarla, pero pronto borré de mi pensamiento esa idea y me avergoncé por haberla tenido. Esa chica me inspiraba un respeto que no había sentido por ninguna otra.

Hecho un manojo de nervios, me ofrecí a dictarle.

La hoja decía así:

Diez señales que marcan el camino hacia el fracaso y la perdición de un joven, detectadas en la relación con sus padres:

1. Se cree incomprendido por ellos.

2. No quiere perdonarlos.

3. Siente tristeza, rencor, amargura.

4. Se aleja de ellos. Les habla poco.

5. Se vuelve ingrato, los critica y ataca. No les agradece nada.

6. Se vuelve terco. Justifica sus malos actos y no escucha sus consejos.

7. Defiende la libertad sexual.

8. Sin querer, busca amigos también incomprendidos por sus padres para sentirse apoyado.

9. *Piensa en darles una lección (y con esto se hace vulnerable al vicio, al sexo, al suicidio).*
10. *Daña su capacidad de amar. Se vuelve, sin darse cuenta, una persona incapaz de construir relaciones afectivas de calidad.*
  Todo esto le ocurre a aquel que no tiene buenas relaciones con sus padres.

Al terminar, yo de dictar y ella de escribir, nos miramos a la cara fijamente. Había algo que nos identificaba en secreto. Y yo entendí por primera ocasión lo que era el nacimiento de un cariño legítimo, lejos de la pasión y la lascivia.

—Reñir con nuestros padres puede en verdad causar grandes estragos —dijo con la vista perdida—. Tengo un amigo en la escuela que en este preciso momento se halla extremadamente confundido por eso. Me ha llamado por teléfono varias veces durante los últimos dos días sólo para decirme lo mucho que sufre. Lástima que no estuvo hoy en la clase. Le hubiera servido lo que se dijo.

—Mmmh —contesté desinteresado—, la mayoría preferimos evadir los estudios cuando tenemos problemas familiares.

—No. Él no está evitando la escuela. Se fue definitivamente de su casa.

El corazón me dio un vuelco terrible.

—¿Y cómo se llama tu amigo? —pregunté.

—Tal vez lo conozcas. Su nombre es Saúl. Saúl Hernández.

9

EL ABRAZO FRATERNAL

Hice antesala cerca de quince minutos, lapso en el que más de una vez estuve tentado de retirarme. La incertidumbre se agrandaba dentro de mí por un infundado temor, para decrecer después ante la *casi* certeza de que el director me ayudaría.

La noche anterior la pasé entre vigilia y duermevela, fantaseando con la efigie de mi hermano Saúl. Su autodestierro había llegado a latitudes imprevistas. En casa mi padre parecía estar acostumbrándose a su ausencia, a la par que acumulaba animadversión contra él. Si seguía demorando su retorno quizá ya no podría recobrar el lugar que le había pertenecido. Además, el hecho de que no hubiera vuelto después de casi una semana me hacía adivinar que su turbulencia anímica no era producto de una simple desavenencia pasajera sino de una crisis francamente peligrosa.

No se encendió el foquito del intercomunicador indicando a la secretaria que podía recibirme; fue el director de la escuela personalmente quien abrió la puerta de su despacho para invitarme a pasar; sonriendo me tendió la mano excesivamente firme y en ademán de cortesía me cedió el paso. Una vez dentro, tomé asiento sin hablar.

—¿En qué puedo servirte, Gerardo?

Yo no sabía si era culpa del sistema emocional o de qué rayos, pero parecía que una papa cocida se me hubiese atorado en el pescuezo.

—Quiero agradecerte por haberme devuelto mi portafolios —agregó al verme callado.

Asentí. "No tiene por qué darlas. Son galanterías que acostumbro", pensé socarronamente.

—Me alegra que vengas a verme —continuó entusiasmado simulando no percatarse de mi inhibición—, porque el próximo viernes voy a iniciar una serie de conferencias para padres de familia. Es algo que vengo planeando desde hace mucho tiempo. El material que les daré es el resultado de muchos años de estudio y trabajo. Es tan poderoso que, créeme, vale la pena escucharlo. Debes tratar de convencer a tus padres para que asistan.

—Los apuntes de sus tres carpetas —dije al fin— los fotocopié.

Yolza frunció el ceño confundido, pero casi de inmediato la desconfianza lo hizo saltar como impulsado por un resorte.

—¿Los fotocopiaste? ¿Para qué?

Tal vez me gustaba jugar con la gente porque no había necesidad de confesar eso, o tal vez por primera vez comenzaba a tratar de no jugar ante la enorme urgencia que tenía de ser honesto.

El director tomó asiento parsimoniosamente sin apartar la vista de mi rostro como un cazador vigilando a su presa. ¿Pretendería yo chantajearlo con sus cartas personales o algo así?

—Si usted quiere se los devolveré íntegros —proferí sin mucho entusiasmo.

—¿Qué estás tramando, Gerardo?

—Nada, licenciado. Lo hice porque de manera increíble eso que le robé para desquitar mi coraje fue el principio de una transformación enorme en mis pensamientos. Con sus apuntes, señor, entendí cosas que nadie había logrado hacerme entender. Aunque usted no lo crea, me volví menos agresivo, y sentí que si los conservaba podría apoyarme en ellos en el futuro. Tengo que prepararme mucho para ayudar a mi hermano Saúl cuando regrese.

El hombre pareció preocupado. Se frotó los ojos como si quisiera sacarlos de su lugar, y suspiró. Parecía más tranquilo, aunque definitivamente no de acuerdo.

—¿Qué has sabido de Saúl? ¿Tienes noticias de dónde se halla?

—Más o menos, señor director. Ha telefoneado a una amiga común. Hoy en la tarde iré a buscarlo.

—¿Por qué no has ido hasta ahora?

—Está fuera de la ciudad.

Se quedó pensando con las pupilas fijas un largo rato.

—Pobre Saúl. Necesita muchísima ayuda.

Entonces vi la oportunidad para ensamblar el rompecabezas y no la dejé pasar.

—Usted ya conocía a mi hermano antes de entrar a estudiar aquí, ¿verdad?

Asintió:

—A tu hermano y a tu padre...

—Usted fue quien levantó una demanda judicial a Saúl por la que fue detenido hace cinco años, ¿no es cierto?

Tardó en contestar. Pero antes de que lo hiciera, su actitud absorta ya era para mí una afirmación. El corazón me latía a mil por hora.

—Han pasado muchas cosas desde entonces —suspiró con catadura melancólica—. En aquellos tiempos yo trabajaba como capacitador para empresas y mi esposa como maestra de idiomas. Siempre nos había unido la similitud de nuestros puestos y creíamos que ya no teníamos más qué hacer —se puso de pie y cerró lentamente las persianas de su privado—. Desde mi nueva perspectiva he llegado a comprender que tanta perfección en realidad era una tétrica monotonía. Nuestro matrimonio había caído en un estado de homogeneidad que resultaba fastidioso. Entonces, deseosos de revivir la alegría en nuestro hogar, decidimos tener otro bebé, pero su gestación nos fue negada durante varios meses. Tras luchar tanto, el haber logrado finalmente nuestro propósito fue una verdadera fiesta familiar. Necesitábamos más a ese hijo de lo que habíamos necesitado a los otros dos. El embarazo trajo consigo nuevos vientos de popa al matrimonio. Todo marchó a la perfección hasta que un día apareció en escena tu hermano Saúl...

Volvió a sentarse acariciándose muy despacio el mentón, como dudando si seguir adelante o no. Pero ya era demasiado tarde para volverse atrás. Mi mirada ansiosa se lo decía a gritos.

—Era un alumno brillante del primer semestre de preparatoria al que mi esposa daba clases. Brillante pero arrebatado y con algunos desplantes de franco machismo. Primero se acercó a ella para pedirle que fuera su "amante platónica"; mi esposa le agradeció y le recordó que era casada. Pero Saúl siguió acosándola, mandándole recados y cartas que, debo reconocer, en un principio fueron tiernas y dulces para después convertirse en atrevidas e insinuantes. Ella no me comentó su problema para no provocarme enojo o preocupación. Decidió arreglarlo sola, pero erró el sistema. Pensó que al poner en ridículo a tu hermano frente a sus compañeros él la dejaría de molestar y leyó en el grupo su carta más insolente; ante las risas y burlas de los demás el joven se puso de mil colores. Ese día la esperó junto al coche para reclamarle lo que hizo. Mi esposa trató de quitárselo de enmedio con intenciones de abordar su automóvil, pero tu hermano la sujetó fuertemente por los hombros. No sé lo que pasó por su mente, pero al verla debatirse en sus brazos intentó besarla. Mi esposa se defendió gritando y, por azares de la fortuna, en la pugna Saúl propinó un fuerte golpe al abdomen de mi esposa, un golpe que por su intensidad y colocación fue suficiente para provocarle una ruptura de membranas y con ello un aborto de emergencia en el que su vida peligró grandemente. Hubo testigos de lo ocurrido... Y bueno, suena mal, pero tu hermano cometió infanticidio imprudencial con agravantes de alevosía, ventaja y lesiones tanto físicas como psicológicas. De haber sustentado la acusación, en este instante él estaría purgando su condena.

No me percaté de estar con la boca abierta sino hasta varios segundos después de que el director dejó de hablar. El resto de la historia ya la conocía yo por sus escritos.

—Todos los acontecimientos que el hombre califica como desgracias, Gerardo, a la larga son bendiciones ingentes de Dios. Ese aborto quebrantó nuestro orgullo y nos hizo humildes para entender la vaciedad que había en nuestras vidas. De no haber ocurrido, quizá yo seguiría siendo el tipo engreído y ególatra que fui, preocupado únicamente por mi familia y por mi superación. La fatalidad marcó el inicio de una nueva era para nosotros. Fue nacer y morir en un todo ante la contemplación directa del poder de Dios. Dejamos de ufanarnos por nuestra vida "perfecta" al comprender que todo por lo que podíamos presumir eran regalos de Él, regalos que, así como se nos habían dado, se nos podían quitar. Nos entregamos a Dios y Él derramó su amor en nuestro hogar brindándonos una paz que no habíamos conocido antes. Después de perder un hijo ya no nos importaba perder nada más; le ofrecimos nuestro trabajo, nuestros bienes materiales, nuestra salud, nuestra familia. En realidad todo era de Él antes de entregárselo, pero la entrega le dio sentido a todo. En la víspera del día en que se iba a dictar sentencia a Saúl, tu padre acudió a vernos para suplicarnos que levantáramos los cargos, pero fue una visita innecesaria porque nosotros ya habíamos decidido hacerlo.

—Director —lo interrumpí fascinado por la explicación de algo que me entristecía, tanto por lo que debió de haber sufrido mi familia como por la forma en que me estaba enterando de ello—. Al fundar esta escuela, ¿usted alguna vez imaginó que mi hermano podría llegar a estudiar aquí?

—Sí. Siempre tuve la inquietud de volver a verlo para decirle que no había rencor y tenderle mi mano amiga. Una tarde, revisando las tarjetas de inscripción de la semana, vi su nombre en una de ellas. Un poco atemorizado por el reto que el destino me presentaba, a la mañana siguiente vigilé la entrada de los alumnos. Cuando él me vio parado en la puerta de la escuela se turbó a tal grado que dio la impresión de estar a punto de volverse por donde había venido, pero lo detuve, le brindé mi amistad y mi apoyo, le dije que esta escuela era suya y que nada me haría más dichoso que poder ayudarlo. Su estancia aquí fue irregular; varias veces nos encerramos a solas, como lo estamos tú y yo ahora, para analizar *cómo vivir plenamente el momento presente sin ser perseguido por los fantasmas de la culpa.* Pero las semillas de la inseguridad y el autodesprecio habían echado ya raíces profundas en él. Lamento no haber podido arrancárselas.

Observé fijamente la expresión de cariño sincero que manaba de los ojos del maestro y sentí nacer en mí una gran admiración por él.

—¿Me dijo usted que el curso para padres comenzaba mañana? —le pregunté.

—Así es. Haz lo posible para que los tuyos asistan.

—¿Puedo venir yo también? ¿De oyente? Por favor...

Tardó más en contestar esa pregunta que cualquiera que le hubiese hecho antes. No era prudente que un joven estuviera presente cuando se dieran recomendaciones a los adultos sobre cómo tratarnos, pero el director sabía que la iniciativa de los muchachos cuenta y mucho para el mejoramiento del ambiente familiar. Además, tal como se había planteado que debía ser la comunicación entre padres e hijos en la plática del día anterior, no había nada de malo en que los chicos conocieran los deberes de sus progenitores y viceversa; en la familia no debía haber secretos ni estrategias unilaterales, no se trataba de una guerra de manipulaciones sino de un encuentro de amor en el Amor.

Me miró fijamente. Algo similar pasó por su mente antes de contestarme:

—Serás bienvenido en la plática, si quieres.

—¿Y es cierto que esa reunión de padres la ha deseado hacer desde hace mucho tiempo?

—Tú mejor que nadie puedes asegurarte de eso.

Fruncí el entrecejo sin entender.

—En marzo de hace cuatro años lo pensé por primera vez —y esbozando una grata sonrisa de complicidad agregó—: puedes consultarlo en *tus* copias de mis apuntes.

Casi de inmediato reparé en que había dicho "tus" copias. Me puse de pie y le tendí la mano conmovido. Tuve deseos de abrazarlo, pero me contuve. Él no. Me atrajo hacia sí para darme un fuerte abrazo fraternal. Salí de su oficina sin poder, ni querer, ocultar mis lágrimas.

Mi padre avisó que no iría a comer. Era algo muy usual. Me urgía hablar con él, así que le telefoneé al hospital y, luego de esperar varios minutos, contestó con voz cansada y malhumorada.

—¿Sí?

—Papá, habla Gerardo.

—¿Pasa algo malo?

—No. Llamo para pedirte permiso para no dormir en casa hoy. Una amiga de la escuela me comentó que Saúl le había hablado por teléfono desde Guanajuato y quiero ir a buscarlo. Si tú me dejas, por supuesto.

Del otro lado de la línea sólo se escuchó silencio. Lamenté no poder ver la reacción de su rostro. ¿Habría ansiedad? ¿Gusto? ¿Indiferencia? Hacía tiempo que mi padre no quería hablar de mi hermano y cuando lo hacía sólo era para despreciarlo e insultarlo. La última vez que Laura lo mencionó en su presencia, dijo que no quería volver a saber nada de ese hijo ingrato. Mamá lloró mucho y yo me pregunté si esa reacción de repulsa repentina no sería el reflejo de un inconfesable sentimiento de culpa.

—¿En qué te irías?

—En autobús, papá. Sé moverme, te aseguro. No tienes por qué preocuparte. Alguien debe ir a buscar a mi hermano... Por favor.

—Él se merece todo lo malo que pueda estar pasándole.

"Y tú te mereces..." Pero me detuve antes de decirlo. Si no comenzaba a poner en práctica lo recién aprendido, mi familia terminaría en los sedimentos de las cloacas.

—De acuerdo... Pero yo quiero ayudarlo. Y no voy a irme sin permiso, ni aun por algo tan justo. Dame tu autorización. Dormiré en la casa de un ex compañero escolar con quien me dijeron estaba Saúl y mañana a mediodía regresaré... espero que con él.

—Tu hermano no volverá a ser bienvenido.

—Eso es mentira. Tú eres el más preocupado y triste de todos nosotros. Por favor, déjame ir.

Para decirme que "estaba bien, que fuera" se demoró más de un minuto. Tuve que lidiar mentalmente contra el silencio del aparato para no soltar una mala palabra por su sandez. Finalmente obtuve el permiso, pero antes de cortar la comunicación le comenté lo de la conferencia que se daría en la escuela al día siguiente, suplicándole que no dejara de asistir, a lo que me contestó emitiendo un largo gemido gutural.

Papá se consideraba a sí mismo un hombre letrado y en sus entendederas no cabía la idea de que otro pudiera darle consejos.

Informé a mamá de lo mismo y, a su vez, le pedí autorización para lo que pretendía. No sólo obtuve su venia con harta mayor facilidad, sino suficiente dinero como para hospedarme en un hotel en caso de necesitarlo y un taxi que mandó pedir para que me llevara a la central de autobuses. Sentí compasión por su secreta pesadumbre y le di un fuerte abrazo antes de salir.

Hacía muchos años que no nos abrazábamos y ella empapó mis mejillas con sus lágrimas.

Ese día experimenté el extraño poder contenido en el contacto físico de un abrazo. Primero el director y luego mi madre. Había algo en el calor de sus cuerpos que me había hecho sentir un ser humano digno y bondadoso.

Subí al taxi y dije adiós con la mano, como un niño pequeño que se despide de su madre para ir al jardín de infantes.

10

SÓLO CINCO LEYES

En esa época del año las carreteras eran seguras y los autobuses solían correr a grandes velocidades. El aire se filtraba por el resquicio de la ventanilla de aluminio causando un silbido tenue pero continuo. Me quité el suéter para colgarlo en el marco y evitar el furtivo oreo. Abrí la carpeta de epístolas personales del director y busqué algún apunte fechado en marzo de cuatro años atrás. El único que había. No se trataba precisamente de una carta para su esposa, aunque estaba dirigida a ella. Era algo así como un escrito para recordar experiencias personales.

Me imbuí en él con la atención y cautela con que se penetra en los aposentos íntimos de un verdadero amigo.

Eran las once de la mañana de un miércoles cualquiera. La diáfana claridad del cielo límpido se vislumbraba en el cenit y el agradable calor de marzo nos envolvía. Respiré hondo, embargado por la alegría de estar, en pleno día de trabajo, caminando con mi familia por el parque. Si tantas otras veces abandonaba la oficina para realizar engorrosos trámites y visitas, ¿por qué no habría de hacerlo para invitar a mi esposa y a mis hijos a deambular como si no hubiese nada más importante en el mundo?

Íbamos abrazados mientras los niños brincoteaban a nuestro alrededor. De pronto el pequeño Carlos tropezó raspándose las rodillas. Ivette y tú quisieron correr en su auxilio pero las detuve. Si compadeces al niño cada vez que se hiera, siempre andará buscando la condolencia de los demás, se volverá llorón y mentiroso. El hecho de que tropiece no es ningún acierto que amerite ensalzamiento.

—*¿Se cayó? Pues que se levante.*

El chiquillo, luego de girar la cabeza para ambos lados con gesto de mártir y ver que no llegaba el consuelo acostumbrado, se incorporó, sacudió su pantalón y siguió jugando.

—*Eres un padre muy duro —dijiste mientras me volvías a abrazar.*

Como contestación te ceñí por la cintura y te besé cariñosamente. Ivette corrió a proponer un juego a su hermanito y nosotros nos sentamos a la sombra de un enorme eucalipto.

—*Cuando contemplo a los niños tan moldeables y receptivos me pregunto si estamos poniendo el énfasis adecuado al instruirlos. ¿Queremos que sean doctos en ciencias, artes, historia? ¿Y con qué fin? Tener cultura es como poseer una colección de pinturas caras: es algo muy apreciado pero que no sirve para nada...*

—*¿Hablas en serio?*

Asentí.

—*Lo que vale en la educación de los niños no son los conocimientos técnicos o históricos sino la habilidad mental que adquieran, el desarrollo de su capacidad para aprender cuanto puedan requerir en el futuro, la apertura intelectual conseguida que se traduzca en una vida plena, sin miedos ni estereotipos.*

—*¿Quieres decir que tantos años dedicados al estudio son inútiles?*

—*Helena, es un hecho que sólo una mínima parte de lo que te enseñan en las aulas es aplicable a tu vida posterior. Lo que vale de la escuela es aprender a convivir, a solucionar problemas, a tener confianza en tu potencialidad de estudio y trabajo. Lo importante no es adquirir una colección de pinturas sino saber que eres capaz de adquirir lo que necesites cuando lo necesites.*

Arrancaste una florecilla silvestre para juguetear con ella y me miraste atenta como indicándome que deseabas escuchar más...

—En una ocasión, a la edad de quince años —continué cavilando—, tuve una experiencia que en el contexto de mi vida adulta me ha sido más útil que muchos años de estudio. Mi padre me invitó de vacaciones a una ciudad situada a mil doscientos kilómetros de distancia, pero antes de salir estableció reglas singulares: iríamos y volveríamos de "aventón", sin gastar un solo centavo; yo sería el guía y él se fingiría mudo todo el camino. Algunas veces, estando solos, me hacía preguntas para obligarme a pensar en lo que podíamos hacer. Con su enorme apoyo, pero sobre todo con mi actuación, conseguimos alimentos y transporte gratuito y después de tres días de recibir formación intensiva llegamos a nuestro destino. Me sentí tan fuerte y seguro de mí mismo que mi vida no volvió a ser igual.

Acomodada frente a mí me observabas con gran atención. Acaricié tu cabello y te volví a besar. ¿Sabes? Me fascina la forma en que sueles escucharme.

—Llevamos un año dirigiendo la escuela —continué— y siento que los jóvenes han perdido la brújula. Todo cuanto les dices lo aceptan sin chistar. No tienen curiosidad por nada. No leen, no perseveran por adquirir una disciplina mental. Viven livianamente sin preocuparse por cuestionar lo que se les impone. Eluden las responsabilidades y los problemas. Todo para ellos es motivo de juegos obscenos y burlas ofensivas.

—¿A qué crees que se deba?

—Definitivamente no a los sistemas educativos. Los adultos suelen lavarse las manos argumentando que tal o cual hijo es la oveja negra de la casa o que las malas amistades lo han echado a perder, pero ésas son evasivas ingenuas. Ni existe la oveja negra ni los amigos son la causa directa de los males. Algún día he de reunir a los padres para tratar de aleccionarlos en lo que, a mi juicio, tan desesperadamente necesitan sus hijos.

—¿Y por qué no lo haces ya?

Tu pregunta flotó en el aire unos segundos... ¿Por qué no...?

—No es lo mismo hablar de "éxito" refiriéndose al trabajo

o a los negocios que hacerlo refiriéndose a la familia. El material que he usado durante años con empresarios me parece parco al tratar de aplicarlo a los padres. Con los jóvenes ha resultado sencillo por lo receptivos que son, pero los padres son otro asunto. Necesito sintetizar principios claros, breves, fáciles de entender y de memorizar, para ofrecérselos como camino seguro hacia una mejor paternidad. Aún no estoy preparado.

—¿Tú crees que se requieran conceptos que puedan memorizarse?

—Sí. Para que una verdad penetre hasta las profundidades del entendimiento y se convierta en convicción activa, la persona precisa enzarzarse con ella en una contienda intelectual, repasando, sopesando, profundizando en las oquedades y remontando los altozanos de la idea, hasta llegar finalmente a memorizarla en la esencia de su mismísimo ser.

—¡Entonces es por eso que algunos libros de superación personal basados en la advertencia de que el lector debe leer y releer los conceptos durante decenas de cientos de días han tenido tanto éxito!

—Claro. Son libros que funcionan si sigues la sugerencia de repasarlos continuamente hasta integrarlos a tu filosofía de vida, pero a la vez son altamente perjudiciales para quien los toma como pasatiempo novelesco.

—¿Qué? ¿Cómo puede un libro de superación personal perjudicar a alguien?

—Leído superficialmente te da las ideas para creerte superior y vanagloriarte de no necesitar consejo alguno: te convences de que ya lo sabes todo y tu intelecto comienza a decrecer convirtiéndote en un necio sabihondo. El verdadero hombre de éxito aprende antes de enseñar, observa antes de actuar, escucha antes de hablar, y obedece las señales que Dios le brinda para entregar a los demás lo que a él le ha sido dado. Yo espero esas señales con ansia, mi amor. Lo anhelo mucho; no te imaginas la forma en que estoy pendiente de cada eventualidad. Quiero tener en mis manos algún día el material adecuado para dárselo a tantos padres de ovejas blancas que,

ante la inminencia de su fracaso tutelar, se han conformado con teñirlas de negro.

Me observaste con tus labios entreabiertos y el rostro ligeramente ladeado. Me incliné hacia ti para besarte. Perdimos el equilibrio y rodamos en el césped abrazados como solíamos hacerlo cuando éramos novios.

Un llanto dolorido nos interrumpió. Saltamos alarmados y vimos al pequeño Carlos que se había vuelto a lastimar con una piedra y esta vez sangraba. Te sujeté por la muñeca y me miraste de modo suplicante.

—Déjame intentarlo.

Asentí y te acercaste al crío, quien berreando te mostró el antebrazo herido.

—¿Qué te ocurrió, hijo? —le preguntaste con voz neutra.

El niño respondió balbuceando ininteligiblemente.

—Yo te diré lo que pasó. Venías corriendo. No te diste cuenta del bordo y caíste de frente sobre el filo de esta piedra.

Y al explicarle, lo condujiste como un muñeco repitiendo la escena en cámara lenta; el pilluelo, interesado en la explicación, comenzó gradualmente a olvidar su berrinche; hiciste que su mano herida tocara ligeramente la roca sobre la que cayó y finalmente dejó de llorar para poner atención a la mecánica de la arista incrustándose en la piel.

—Pero sale sangre, mamá.

—No le hagas caso. Imagina que es salsa de tomate.

Y el llanto de Carlitos se tornó en alegres risas. Vino corriendo hacia mí enseñándome su cortada.

—¡Mira, papá, mira! ¡Me está saliendo salsa de tomate!

Te observé con una sonrisa enorme y tú te encogiste de hombros en un gesto de franca coquetería. No pude evitar echarme a reír.

Mi cielo: hace mucho que no te lo digo y todo este relato no tenía otra intención: después de tantos años me siento verdaderamente enamorado de ti.

Fue un viaje infructuoso pues aun cuando logré arribar al sitio en el que mi hermano se refugió los últimos días, no pude verlo. Salió a recibirme la madre de mi ex compañero escolar con alharaca de franco hastío y luego de ponerme al tanto de que efectivamente Saúl había estado durmiendo y comiendo ahí, me notificó que finalmente decidió regresar a su casa. Me despedí cortésmente y, no pareciéndome sano dar más molestias, me retiré en busca de un hotel. Era curioso enterarse de que yo salía de mi casa cuando él volvía. Quizá nos habíamos cruzado en el camino...

Pasé la noche en un cuartucho de paso y al día siguiente emprendí el regreso. Conseguí autobús a medio día. En el camino leí la carta. Después cerré la carpeta de argollas y miré el reloj. Iban a dar las tres de la tarde. Estaba ansioso de llegar a la ciudad. A esas horas Saúl debía estar ya en la casa y, si el drama de recibirlo no se había alargado perniciosamente, cabía la remota posibilidad de que mis padres hubieran asistido a la conferencia para familias que daba inicio a las cuatro, como tan encarecidamente se lo supliqué.

Hojeé nuevamente los apuntes del maestro cavilando en lo plausible que resulta el hecho de que cuatro años después de su incipiente inquietud de convocar a los padres ya hubiera logrado reunir el material con las características que tan definidamente afanaba. Repasé los borradores de las traducciones de aquellos textos antiguos y comprendí la frase *obedecer las señales que Dios le brindará para entregar a los demás lo que a él le ha sido dado.*

Yo debía estar en esa plática.

En cuanto el autobús se detuvo en la central bajé como centella a la caza de transporte urbano. No quise pagar taxi para ahorrarme el dinero sobrante, así que me encaramé en la primera camioneta colectiva que pasó. Gracias a mi tacañería llegué media hora más tarde de lo que hubiera llegado de haber alquilado un carro.

La conferencia seguramente ya habría comenzado.

Pasé corriendo frente a la escuela y crucé los mil metros que la separaban de mi casa en tiempo récord. Por cuidarme de llevar las carpetas con las notas de Yolza había olvidado cargar mis llaves, así que toqué el timbre pero nadie me abrió; aporreé la puerta usando tal energía que los vecinos se asomaron a curiosear. ¡No había nadie en la casa! Sonreí. Tal vez estaban en la escuela asistiendo a la conferencia. ¿Dónde si no? Crispé los puños emocionado y me volví sobre mis pasos brincando y cantando, ignorante de que, dadas las sorpresas que me deparaba el destino, era la última vez que brincaría y cantaría en mucho tiempo.

Entré a la escuela jadeando. La recepcionista me detuvo para preguntar mi nombre. Se lo di y ella lo cotejó con los que tenía anotados.

Mientras trataba de localizarme en su lista, no pude evitar observar una cartulina con elegante letra manuscrita pegada en el pizarrón de avisos. El título de la plática me llamó la atención por alarmista y enigmático. No decía mucho y a la vez lo decía todo.

"MENSAJE URGENTE DE SUPERACIÓN FAMILIAR"
Conferencias para padres
AULA OCHO

—El director sólo dio autorización para permitir la entrada a dos jóvenes… Y sí… Tú eres uno de ellos.

—¿Quién es el otro?

—Una señorita llamada Sahian.

No pude evitar que una sonrisa se dibujara en mi rostro. Ella debió de enterarse del evento y seguramente perseveró, al igual que yo, para que se le permitiera asistir. Fantástico. ¡Necesitaba mucho verla! ¡Tenía tantas cosas que contarle! Al subir la escalera las manos me sudaban copiosamente. Entré al aula sin tocar y nadie volteó la cabeza. Los invitados estaban atentos escuchando al director, que se paseaba de un lado para otro mientras hablaba. En el sitio había una enorme mesa rectangular cubierta con un paño verde, alrededor de la cual se hallaban sentados los oyentes. Tomé asiento en un pupitre alejado de la mesa y busqué con la vista a mi familia. Nada: no estaban. Mi preciosa amiga ocupaba una butaca del centro; el resto de los asistentes eran padres de familia. Conté quince damas y diez caballeros, lo que indicaba que no todos eran matrimonios completos.

Me rasqué la cabeza desconcertado: ¿dónde podrían estar mis familiares? Tal vez salieron juntos a festejar el regreso del hijo pródigo, aunque mi padre distaba mucho de pensar como el progenitor que describe Lucas en el capítulo 15 de su Evangelio. Todo podía haber pasado en el reencuentro, desde lo mejor hasta lo peor. Por lo pronto no debía preocuparme pues, fuese lo que fuese, ya había pasado. La edecán se acercó a mí para darme papel y lápiz, y el expositor, sin dejar de hablar, me saludó con un ligero movimiento de cabeza.

—No es el mundo el que está en decadencia —declaraba—. Ni la corrupción, ni la delincuencia, ni la prostitución, ni la droga se han sembrado en la calle. *Todo aquello a lo que temes tiene su origen en el seno de una familia. Son las familias las que decaen y, cuando pierdan su esencia, el hombre se autodestruirá irremediablemente.*

"Toda la creación —explicaba el maestro— se rige a base de leyes. Nadie puede desafiar a las leyes. El que lo haga sufrirá las consecuencias de la transgresión. Es muy simple. Si sales por la ventana de un edificio tratando de caminar por los aires, la ley de gravedad te matará. Las leyes se cumplen siempre, la sabiduría se mide en función de las leyes que se comprenden. Para dirigir un hogar es preciso entender y respetar estas cinco leyes:

1. *Ley de la ejemplaridad.*
2. *Ley del amor incondicional.*
3. *Ley de la disciplina.*
4. *Ley de la comunicación profunda.*
5. *Ley de la fuerza espiritual.*

Siempre supuse que los preceptos para alcanzar la felicidad se contarían por centenas, ¡y este hombre cuya sapiencia era digna de encomio anunciaba únicamente cinco!

Miré el rotafolios y copié los titulares que se desplegaban apoyándome sobre la carpeta de argollas que atesoraba las copias de los apuntes personales del expositor. Sus pastas duras sobre mis piernas podían hacer las veces de pupitre si deseaba evitar incorporarme a una mesa en la que, a excepción de Sahian, todos eran adultos.

El expositor hizo una pausa al cambiar el texto del rotafolios y me sentí tan repentinamente interesado por lo que estaba a punto de escuchar que finalmente decidí acercarme a la mesa.

Al percibir que aproximaba mi silla, los adultos me hicieron espacio sin reparar en mi corta edad. Sólo Sahian giró la cabeza para mirarme. Su rostro se iluminó con una hermosa sonrisa mientras el mío se opacaba con un intenso rubor.

Ambos, sin embargo, muy pronto retomamos la atención a lo que se exponía al frente. Presentíamos que estábamos a punto de escuchar algo verdaderamente importante.

11

LEY DE EJEMPLARIDAD

El cartel anunciaba la ley con grafías rojas brillantes:

"LOS HIJOS CARGARÁN
EN EL SUBCONSCIENTE MUCHOS AÑOS
LOS PATRONES DE CONDUCTA
QUE OBSERVARON EN SUS PADRES"

Después de un breve silencio, el maestro continuó:

—¿Entienden esto? Los actos valen mil veces más que las palabras. No es conveniente sermonear continuamente a los hijos pues ellos observan mucho más de lo que escuchan. Denles un ejemplo digno y cabal y las palabras de corrección saldrán sobrando. De todo lo que les digan a sus hijos, únicamente diez por ciento será recordado por ellos; sin embargo, siempre los acompañará noventa por cierto de cuanto les vean hacer. Nuestra influencia se da en esa escala: diez por ciento con palabras y noventa por ciento con actos.

Mientras el maestro daba la vuelta al enorme pliego de papel rotulado, me detuve a reflexionar en lo que acababa de decir. Yo le hallaba correlación con una desagradable experiencia vivida mucho tiempo atrás, cuando tenía alrededor de siete años de edad y sorprendí al catequista que me preparaba para hacer la primera comunión robando las limosnas de los fieles. A partir de entonces me negué a ir a la iglesia y todo cuanto había aprendido en varios meses con palabras lo desaprendí ante la contemplación de un ejemplo en dos segundos; me rebelé contra todo lo que se me había enseñado y algunos días después fui detenido en un supermercado por hurtar una bolsa de dulces.

—¿Está usted sugiriendo que por culpa de los malos ejemplos inculcados los hijos nunca podrán ser mejores que sus padres? —preguntó una señora de peinado alto y maquillaje indiscreto.

—La ley de la ejemplaridad es muy clara —contestó el expositor—, no dice que es imposible la superación de los descendientes; dice que las actitudes observadas se grabarán en ellos para acompañarlos durante años, y esto no deja de ser grave. Es cierto que casi todos los hijos superan a sus padres porque, de modo consciente, detectan sus errores y se prometen a sí mismos no cometerlos jamás, pero también es cierto que en el plano subconsciente llevan latentes los ejemplos recibidos y que éstos dan información "inexplicablemente" a su temperamento. En el nivel exterior se despliega lo que queremos ser y en el interior lo que somos realmente, pero los patrones de este último afloran de modo involuntario una y otra vez. Si son observadores, seguramente se habrán sorprendido a ustedes mismos diciendo o haciendo cosas que sus padres decían o hacían y han confrontado más de una vez su voluntad de no querer hacer algo con su hábito de hacerlo. No hay mucho que podamos rebatirle a esta ley: *Los hijos cargarán en el subconsciente los patrones de conducta que observaron en sus padres.*

La sentencia flotó en el aire cargado de vibraciones reflexivas pero confusas. Si esa primera ley era cierta, ¿qué utilidad tenía para mí, como hijo, conocerla y qué utilidad para los padres presentes? Más que una guía de superación familiar parecía una maldición.

El director Yolza tomó aire para puntualizar con tal potencia que me erizó la piel:

—El gran reto de la paternidad, señores, si entienden lo que acabamos de decir, **no estriba en cómo tratar mejor a nuestros hijos sino en cómo darles un mejor ejemplo.** Y para esto, la única fórmula infalible es nuestra superación personal. Sólo siendo mejores como individuos engrandeceremos el modelo que les brindemos.

—Señor —dijo un hombre con aspecto de típico padre dominante no muy instruido—. Yo no bebo, no ando con mujeres, no le pego a mis muchachos ni a mi esposa, soy trabajador y honrado, así que me considero un buen ejemplo y, aún así, mis hijos han resultado tremendamente ingratos.

—Perfecto, señor —contestó Yolza sin ocultar su exasperación—: usted se considera buen ejemplo. Pues déjeme decirle que por el simple hecho de considerarse así demuestra no serlo. El padre que *cree estar haciendo todo bien* es el que más profundamente graba en sus hijos el dañino patrón de la arrogancia, y eso los convertirá "incomprensiblemente" en malos muchachos. ¡Que nadie cometa el grave error de creerse perfecto porque entonces dejarán de crecer y mejorar! Y no hay nadie en la tierra que no pueda ser mejor. Esto es definitivo.

El hombre se quedó callado pero visiblemente indignado. En principio me reí interiormente de él, pero luego me reprendí a mí mismo por tal acción.

—Yo no me considero perfecto —comentó otro hombre—, pero mis hijos se han rebelado contra todo lo que les enseño. Por más que lucho no veo que mejoren.

—**Enseñar sin esperar resultados** es la ley del buen maestro. Si se quiere que los niños aprendan, no debe pedírseles a cada instante que demuestren lo que saben. Un padre cabal vive dando ejemplo recto y no exige resultados inmediatos. El ejemplo lo hace todo firmemente, pero a largo plazo. **Su misión no es levantar la cosecha, señor; su misión es sembrar.**

Hubo un silencio total. El licenciado Yolza aprovechó para extraer de su vademécum un paquete de hojas que extendió sobre la mesa para que se hicieran circular.

—Este escrito les ayudará a entender mejor la importancia de superarse ustedes mismos antes de pretender obligar a sus hijos a que se superen.

Se trataba de un texto de Ignacio Larrañaga. Me gustó y ayudó tanto que, más tarde, no sólo lo memoricé sino que me motivó a investigar respecto a la obra del autor. Cuál no sería mi sorpresa al hallarme con un inmenso páramo de sabiduría y paz que al paso de los años se convertiría en una de mis más firmes y poderosas guías vitales.

¿Quieres ayudar? Ayúdate primero.
Sólo los amados aman.
Sólo los libres libertan.
Sólo son fuentes de paz quienes están en paz consigo mismos.
Los que sufren, hacen sufrir.
Los fracasados necesitan ver fracasar a otros.
Los resentidos siembran violencia.
Los que tienen conflictos provocan conflictos a su alrededor.
Los que no se aceptan no pueden aceptar a los demás.
Es tiempo perdido y utopía pura pretender dar a tus semejantes lo que tú no tienes.
Debes empezar por ti mismo.
Motivarás a realizarse a tus allegados en la medida en que tú estés realizado.
Amarás realmente al prójimo en la medida en que aceptes y ames serenamente tu persona y tu pasado.
"Amarás al prójimo como a ti mismo", pero no perderás de vista que la medida eres "tú mismo".
Para ser útil a otros, el importante eres tú mismo.
Sé feliz tú, y tus hermanos se llenarán de alegría.

Ignacio Larrañaga

Había quedado claro que antes de pretender ser un mejor padre se debía luchar por ser una mejor persona. Esto conllevaba a reflexiones interesantes: los presentes habían acudido a un curso de superación familiar cuando seguramente podría serles de más provecho en su paternidad tomar un curso de superación individual.

Quedaba, sin embargo, un resquicio de duda que impedía dar por terminado el asunto. ¿Qué ocurría con el mal ejemplo que ya se había dado? ¿El hijo erróneamente aleccionado no tenía esperanzas de superarlo? La ley era muy severa el respecto y habíamos algunos inconformes en ello. Finalmente, uno de los padres de más distinguido aspecto se atrevió a intervenir:

—Hay algo que no comprendo aún. ¿De qué manera puede superarse una persona que en la infancia recibió malos ejemplos de sus padres si toda su voluntad razonada no sirve para nada cuando el subconsciente entra en acción?

—Muy buena pregunta. Precisamente es un punto que merece la pena aclararse detalladamente.

El licenciado Yolza dio la vuelta al enorme pliego del rotafolios y apareció una inscripción en elegantes letras manuscritas:

Para penetrar hasta la médula del banco de hábitos adquiridos y poder cambiarlos, sólo hay dos caminos. Ambos arduos y fatigosos, pero definitivamente seguros:
1. La repetición perseverante.
2. El aislamiento voluntario.

—El primer punto significa —explicó el director de la escuela— que para que una nueva conducta se convierta en parte de nosotros y se grabe en el subconsciente se requiere verla, experimentarla, leerla, oírla, vivirla, un significativo número de veces. Así trabaja la ejemplaridad del padre. Sus actitudes repetitivas comienzan a formar parte de la personalidad de los hijos sin que ninguna de las partes involucradas se dé cuenta.

Haciendo una pausa en la explicación, aprovechó para acercarse a la mesa y tomar un poco de agua. El silencio estaba cargado de cierta glotonería intelectual. Todos queríamos saber más y más...

—El segundo punto para superar los modelos subconscientes y mejorar de raíz —continuó— depende de la frecuencia con que se acostumbre reflexionar, o sea penetrar en soledad a la zona de intimidad absoluta. Una zona en la que incursiona cuando se desea meditar e inducir sosiego a turbulencias que no son para describir ni compartir. Ni el más íntimo amigo tiene cabida en esta zona en la que se debaten dudas, temores, propósitos de enmienda, oraciones y luchas espirituales. Sólo inmersos en ella el alma del hombre crece, pero para moverse en sus dominios se requiere de un *aislamiento voluntario,* aislamiento que debe ser respetado cabalmente por nuestros allegados so pena de afectar gravemente la relación. Para entender mejor esto imaginen, por ejemplo, a un padre terriblemente enojado. Sin que él pueda controlarlo, sus modelos subconscientes salen a flote: se altera, grita, agrede y amenaza lleno de rabia para después retirarse deseoso de estar lejos de todo ser humano. En ese confinamiento voluntario comienza su lucha interior. Hizo mal, lo sabe, pero no pudo dominarse; además, tenía razones para enfadarse, aunque le molesta haber gritado de esa forma. Esta lucha hacia la paz debe librarse a solas, *¡A SOLAS!,* ¡grábense muy bien esto!, porque con frecuencia los familiares profanan la zona de intimidad de la persona aislada inmiscuyéndose en su espacio para hablar, buscar arreglo a la desavenencia y, en muchas ocasiones, hasta para seguir discutiendo. Es típico que al furor anterior se le sume la cólera de no haberse permitido el recogimiento y un problema sencillo se agrave con frases tales como "déjame en paz", "desaparécete de mi vista", "me das asco", "no quiero verte" o "lárgate". Profanar la zona de intimidad de alguien enojado o que simplemente se encuentre en la contemplación de sus pensamientos es el peor error que se pueda cometer. La ira de la persona denigrada por tal acto suele llegar a extremos inusitados tales como romper cosas, llorar, irse de la casa. La introspección de algunos de nuestros familiares es algo que debe respetarse pacientemente y con agrado, porque es parte de su proceso de superación.

El director se detuvo para consultar sus notas y terminó diciendo:

—*Primero con repeticiones continuas de las verdades del amor y segundo en íntima soledad* es como se consigue cambiar los hábitos y destruir los modelos de conducta que fueron inculcados por el mal ejemplo de los progenitores, pero ambos procesos requieren disciplina, lo cual dificulta gravemente el asunto. Ustedes deben vencer la dificultad porque esos dos son los únicos procedimientos garantizados para mejorar como personas y, con ello, corregir los ejemplos de actitudes que están dando a sus hijos. No olviden jamás que los muchachos observan todo y lo registran calladamente. Sobre sus hombros de padres descansa la gravísima responsabilidad de ser observados diariamente por esos seres receptivos, ávidos de aprender.

Nadie dijo ni objetó nada. Todo estaba muy claro. Era bueno saberlo, pero a la vez daba miedo. Pensé en los principios de Newton, Boyle, Pascal y de tantos otros científicos cuyas conclusiones teníamos que memorizar en la escuela. ¿De qué servían las *leyes académicas* cuando no se conocían ni remotamente las *leyes para vivir mejor?*

Se anunció que tendríamos diez minutos de descanso. La gente comenzó a ponerse de pie. Yo me quedé sentado.

—¿No vas a saludarme?

Al reconocer la voz de mi querida amiga Sahian volteé instantáneamente. Estaba más linda que nunca. Me levanté de mi silla para estrechar su mano pero ella se acercó desenvuelta dándome un beso en la mejilla.

—Qué bueno que viniste. ¿Cómo te permitieron entrar?

—Le pedí permiso al director. ¿Y tú cómo le hiciste?

—Igual… No fue fácil.

—Sahian, ¿me acompañas a hablar por teléfono?

Tenía que averiguar si ya había alguno de mis padres en casa e insistirle en que se presentara en la escuela.

Pero sobre todo tenía que saber si Saúl había vuelto y cómo fue recibido.

—Claro —me contestó mirándome fijamente con sus dulces ojos grises.

No dejé mi carpeta sobre la mesa, como hubiera sido lo propio, sino que la llevé conmigo debajo del brazo.

Nos tomamos de la mano y bajamos corriendo las escaleras sin parar de hablar y reír.

Después de marcar escuché sonar hasta que se cortó automáticamente. Era inútil volver a llamar. En mi casa no había nadie. Me froté la cara espirando un lamento de preocupación. Mi dulce amiga me miraba extrañada.

—¿Pasa algo malo?

—No lo sé.

Sin volver a pedirle permiso a la secretaria, tomé nuevamente el aparato y disqué el número de mi tía Lucy. Si se hubiese presentado algún acontecimiento de trascendencia en mi familia la hermana de mi madre estaría enterada. Eran íntimas confidentes.

Mi tía descolgó el auricular casi de inmediato. Su voz me pareció extremadamente fría y cortante, como si estuviese intensamente enojada o preocupada.

—¿Tía? Habla Gerardo... ¿Cómo están?

No contestó.

—Tía, ¿me escuchas?

—Sí...

—¿Sabes dónde está mi familia?

Silencio.

—¿Me escuchas, tía?

—¿Aún no lo sabes...?

—¡No! ¿Qué pasa?

Evadió mi pregunta haciéndome otra.

—¿Dónde estás?

Hay ocasiones en que la información que recibes por teléfono es tan confusa que ansías el adelanto de la ciencia para poder transportarte súbitamente al otro lado de la línea y ver en el rostro de tu interlocutor lo que te quiere, o no te quiere, decir.

—En la escuela.

—No te muevas de ahí. Voy a encontrarme con tus padres. Les diré que vayan por ti. Espéralos.

Y cortó.

¿Qué rayos estaba sucediendo? Me quedé con el auricular en la mano unos segundos escuchando el tono intermitente. Luego, con un incontenible temor en las manos y especialmente en los dedos, marqué el número del hospital de papá.

—¿Me comunicaría con el doctor Hernández, por favor?

—Hoy no vino a trabajar.

—¿No...? Gracias.

Bajé la cara tratando de recuperar el control de mis pensamientos.

Sahian me miraba sin comprender:

—¿Hay problemas?

—No sé...

En mi mente crepitaban como relámpagos mil posibilidades siniestras. Moví la cabeza negativamente y repetí:

—No... no los hay...

¿Qué ganaba con preocuparme? En mi casa los conflictos no podían estar peor de lo que ya habían estado... Así que, ¿por qué mortificarme y echarme, y echarle a ella, a perder la conferencia?

Nos tomamos de la mano para subir las escaleras. Lo hicimos muy lentamente, sin hablar y sin reír.

12

LA LEY DEL
AMOR INCONDICIONAL

En el rotafolios se anunciaba con grandes letras el texto de la segunda ley:

LA ÚNICA ENERGÍA QUE FORTALECE
VERDADERAMENTE AL HOGAR
Y A CADA UNO DE SUS MIEMBROS
ES EL AMOR SIN CONDICIONES
(Esta fuerza vivificante debe emanar de la entidad conyugal)

Cuando Sahian y yo entramos al recinto, la explicación ya había comenzado. Sin embargo, no era aún de la ley de lo que se estaba hablando sino de la pequeña sentencia que figuraba bajo su enunciado.

—Lo esencial en la familia son los cónyuges —declaraba el expositor—. Arranquen de su mente a como dé lugar la idea simplista de que sus hijos son lo principal. Es mentira, es una trampa mortal. Aunque parezca contradictorio, los padres que navegan con el estandarte de *"nuestros hijos son lo único y lo primero"* están destinados a llevar a su familia al naufragio. Es el error más grave que suelen cometer incluso los adultos que se creen instruidos en educación infantil. Desatender a la pareja por atender a los niños es un veneno lento pero seguro que terminará por intoxicar a todos los miembros de ese hogar. ¡Entiendan esto muy bien! Ante la disyuntiva de tener que descuidar a su cónyuge o a sus hijos, no lo duden ni un segundo: ¡descuiden a sus hijos! Si ellos presencian el amor de sus padres no estarán descuidados, se acurrucarán como pollitos en el calor del nido. Señoras, señores, memoricen esto: **cuando se cultiva el amor incondicional en el matrimonio, a los niños les va bien aunque no se hagan grandes esfuerzos para educarlos.** La unión conyugal es la mejor educación. Los niños que la ven no tuercen su camino, se hacen juiciosos y sensibles, convirtiéndose a su vez en fuentes de amor y, más temprano que tarde, fundan con alegría su propia familia. Por el contrario, los hijos de parejas que están en constante riña se infectan de desconfianza e inseguridad y frecuentemente se vuelven promotores de deformidades sociales tales como el amor libre y los vicios carnales; buscan cariño en el engaño, calor en el placer, y postergan el matrimonio todo cuanto les sea posible.

—Licenciado —interrumpió una mujer que había ido sola—, ¿cómo voy a preferir atender a mi esposo, que es adulto, antes que a mis hijos, que son niños? Eso no es lógico.

—Señora, quítese esa idea de la cabeza o su familia nunca será feliz. Usted se unió a su marido antes de tener hijos y cuando sus hijos se vayan seguirá unida a él. La promesa que hizo ante el altar incluye el compromiso de defender y amar a su esposo **¡antes que a cualquier otra persona!** El cariño prioritario en esta tierra, para todo adulto sano, es el de su pareja. Luche por ella antes que por nadie más. Protegerla, respetarla, aceptarla, amarla a pesar de cualquier defecto que tenga, es una fuerza motriz tan poderosa que salva del abismo a los hogares más conflictivos.

—Yo vivo separado —confesó un hombre extremadamente joven— porque mi esposa y mi mamá nunca se entendieron. Tuvieron diferencias tan serias que yo tuve que escoger. Madre sólo hay una y mujeres hay miles. No me va a decir que hice mal, ¿verdad?

Tadeo Yolza, antes de responder, miró al sujeto con gesto de sincero pesar.

—Me temo que sí se lo voy a decir... Si usted quiere y defiende a su madre no está haciendo ninguna proeza. Es lo más normal. Hasta los peores individuos de la sociedad harían eso. El amor hacia nuestra madre se siente de modo natural y es poderosísimo, es cierto; usted la querrá a ella le pese a quien le pese; pero un hombre cabal no se limita a sentir lo que su instinto le dicta, sino que usa el cerebro y enfrenta el reto de **aprender a amar** a su esposa. Porque el amor conyugal no se da de modo innato, como el filial. Para llevar al éxito un matrimonio hay que esforzarse a brazo partido, hay que estar dispuesto a un verdadero esfuerzo, a una entrega crucial, a un sacrificio enorme, a luchar contra viento y marea. El amor conyugal no se da por sí solo. Se aprende con lágrimas, se cultiva entre dudas, se ve crecer a un precio muy caro. Pero la recompensa es la mayor bendición que un hombre puede recibir. De modo que si su esposa y su madre se separan, usted deberá permanecer al lado de su pareja; y si ellas discuten, usted apoyará a su mujer. No es fácil, pero escúcheme muy bien: solamente cuando logre hacerlo habrá dejado de ser niño.

El hombre se acarició el mentón con aire más de molestia que de meditación. Lo habían catalogado, límpidamente, de infantil.

—¿Quiere decir que nuestros padres ya no podrán darnos consejos sólo porque nos hemos casado? —insistió.

—Consejos sí, pero órdenes no. Una vez casado usted ya no tiene obligación de obedecerles y ellos ya no tienen derecho de mandarle, y mucho menos si con eso afectan su vida matrimonial. La sentencia que dice: "El hombre dejará a su padre y a su madre para unirse a su esposa" se refiere no a dejarlos física ni emocionalmente, sino a independizarse *radicalmente* de ellos en actos y decisiones.

—Yo tengo una duda —declaró nuevamente, entre opinando y discrepando, la señora solitaria con aire de insatisfacción continua—. Mi marido es gruñón, vulgar, necio, y se preocupa muy poco por mí. Ayer en la noche nuestro hijo menor se sentía enfermo, así que consideré mi deber estar con él aunque mi esposo tuviera que prepararse su cena solo. ¿Estuvo bien?

—Estuvo perfectamente mal. En primer lugar usted está haciendo su pregunta aclarando *de paso* lo gruñón y vulgar que es su compañero. Debe evitar hablar mal de él, esté o no presente. Hágase a la idea de que al denigrarlo se denigra usted misma; de una mujer que se queja del marido todos piensan en secreto:

"Pobre tonta, tiene lo que se merece". Si le desagradan los defectos de él, ayúdelo en privado, pero nunca lo deje mal ante otros. En segundo lugar, los niños son egoístas y con frecuencia exageran sus dolencias para que se les preste atención, de modo que, aunque el pequeño comediante hubiese estado diciendo la verdad respecto a lo mal que se sentía, si su vida no peligraba usted debió atender primero al papá. A la larga a los chicos les hace mayor bien ver que sus padres se abracen a que los abracen a ellos. **El mejor regalo que podrán darles jamás será la contemplación y vivencia de su mutuo amor in-con-di-cio-nal.**

—Un momento —se defendió la señora con la agresividad de una fiera herida—, aunque diga que no debo hablar mal de él, ¿cómo voy a quererlo del modo que usted dice si siempre me trata con indiferencia, si es desatento y cuando le pido cosas ni siquiera me hace caso?

—¿Sabe cuál es la clave para que comience a llevar un buen matrimonio?

Yolza respiraba agitadamente con apariencia de enfado.

—Se la diré —y habló con la vista bien fija y con gesto de absoluta convicción—: **Deje de reclamar como un derecho lo que puede pedir como un favor.**[18]

La señora soltó una sonora carcajada poniéndose de pie teatralmente.

—¿De veras? Dígale eso a mi esposo. A mí me lo enseñaron de chiquita... A él no.

Tadeo Yolza arqueó las cejas asombrado, más por la risa fingida que por la irónica respuesta. Dejó lentamente sobre el escritorio sus papeles y comenzó a caminar directamente hacia la mujer.

—Usted puede burlarse del modo que quiera, pero estoy seguro de que su marido tendrá razones para portarse como lo hace. **La mujer altiva y autoritaria es peor que una serpiente en el hogar.** Sólo una señora que no ha aprendido las reglas elementales del matrimonio puede decir que su esposo no le

---

[18] Anthony de Mello. *¿Quién puede hacer que amanezca?*, Sal Terrae, p. 207.

concede lo que ella le pide. **La compañera inteligente siempre se sale con la suya usando el único método efectivo: la seducción, el amor, las caricias...** ¿Por qué cree que muchos hombres acaban por serle infieles a sus mujeres? ¿Porque son unos monstruos lascivos degenerados? No, señora. Un hombre muy rara vez busca "sexo" fuera de la casa; lo que busca es **comprensión, cariño, paz.** ¿Entiende? Algo que si usted realmente se lo propone puede darle a raudales.[19]

Yolza terminó de hablar a sólo unos centímetros de la mujer, quien se había vuelto a sentar con los ojos muy abiertos. Sonreí al acordarme de mí mismo en una situación similar cuando se trató el tema de los padres en el salón de clases.

Al tranquilizarse un poco, el maestro se dio la vuelta y regresó a su sitio, desde donde continuó hablándole a esa señora:

—Si ha de convencer, dirigir o disponer, no lo haga jamás exigiendo. En la familia debe cultivarse el *amor incondicional,* empezando por la pareja, y no hay más que discutir al respecto.

—¿Qué es exactamente lo que significa eso de *sin condiciones?* —preguntó un señor corpulento y de voz grave.

—Existen tres niveles de afecto. El primero es el más corriente y elemental, se le denomina *"amor si..."*: te amo *si* eres bueno, *si* te portas bien conmigo, *si* cumples mis exigencias, *si* haces lo que me agrada, etcétera. El segundo nivel, al que más comúnmente se llega, es el llamado *"amor porque..."*: te amo *porque* tienes buenos sentimientos, *porque* te esfuerzas, porque has obtenido notas aceptables, *porque* eres honrado, etcétera. Pero ninguna de estas dos formas de amar es verdadera. Ambas están basadas en condiciones, y de las condiciones emana un mensaje muy claro que es: "Debes ganarte mi cariño con actitudes que me satisfagan, no olvides nunca que te querré más cuanto más te parezcas a mí..." Eso no es amor sino un intercambio egoísta en el que siempre queremos salir ganando. El único y verdadero amor es el del tercer nivel y que debe

---

[19] 1 San Pedro, 3, 1-5.

practicarse entre los miembros de una familia, es decir: te amo **a pesar de tus errores y tus carencias.** No con esto quiero significar que los desatinos sean bienvenidos. Odiamos el mal aunque amemos a quien cometió ese mal.

—Eso que dice es utópico. ¿Cómo hemos de amar igual al hijo delincuente que al responsable?

—Perdóneme, señor, pero si usted tiene un muchacho delincuente es precisamente porque sólo le dio amor condicionado. Y créame, ese "amor" a la larga resulta tan despreciable que finalmente a los muchachos no les interesa perderlo y se vuelven ingratos y bribones.

—De acuerdo —convino una señora—, pero, ¿no será más perjudicial demostrar a los hijos siempre afecto, permitiéndoles hacer lo que les venga en gana?

—Nadie dijo "permitir". El amor incondicional precisa ser sobre todo un amor inteligente. Usted debe prohibir las malas actitudes; debe incluso repudiar los errores, enojarse y demostrar toda su animadversión contra el mal; pero cuando se enfade por algún hecho reprobable no se enfade tanto con su hijo sino con el "hecho". Debe aprender a separar a sus hijos de sus actos. Usted puede fingir muchas cosas, pero, ¿daría la espalda realmente, de corazón, a una persona amada sólo porque cometió un error? Si lo hace no vale nada. Es clásico el ejemplo del padre que humilla, hiere y le retira la palabra por años a su hija que, seducida por un vivales, resulta embarazada antes de casarse. No hay actitud más antinatural y absurda. El padre sufre más o igual que ella. Los yerros de nuestros hijos nos duelen mucho precisamente porque los queremos mucho. Si no los amáramos no nos sentiríamos tan mal cuando se equivocan, así que, ¿por qué no decírselo así? ¿Por qué fingirnos agraviados cuando el único perjudicado por los errores es el muchacho mismo? Sean sinceros y manifiesten su cariño abiertamente evitando la sobreprotección. Ustedes no deben vivir por ellos. **Hay que aplicar la** *inteligencia* **para demostrarles amor y a la vez dejarlos sufrir por sus malos actos; jamás consentirlos o evitarles las experiencias amargas porque eso sería aplicar tontamente el amor que les tenemos. Los muchachos deben saber que desaproba-**

mos sus faltas, pero que los queremos *a pesar* **de sus tropiezos.** Deben estar perfectamente conscientes de que cada persona segará SOLA la cosecha de sus actos, y tendrá que comerse los frutos que sembró. El amor entre cónyuges y entre padres e hijos no debe medirse por los tinos o desatinos. Vamos a ayudar a nuestros allegados, a motivarlos a superarse, a levantarse después de las caídas; a darles apoyo, abrazarlos y hacerles saber que los queremos como son y que los pecados que cometan los perjudicarán sólo a ellos. Esto es el amor incondicional.

No hubo quien se atreviera a profanar el silencio de la pausa. Un ligero flujo de emociones intensas comenzó a esparcirse entre los asistentes. Era fácil adivinar lo hermoso que sería tener ese tipo de relación en el hogar, pero además de *hermoso,* ¿existía alguna otra razón más práctica?

El maestro era tan perceptivo que contestó la pregunta antes de que nadie la formulara.

—Y, *concretamente,* esta forma de vivir eleva la autovaloración de los hijos a niveles extraordinarios. La autovaloración es la causa directa del éxito o el fracaso de una persona. Es aquello que sus hijos han llegado a creer que son y que, tarde o temprano, serán. Si con frecuencia se les llama tontos, ineptos, flojos, feos, chaparros, gordos y demás, ellos darán forma a su autovaloración con esos elementos. Un triunfador no tiene el físico distinto al que pueda tener un pordiosero. Eso sí, tiene distinta la mirada, la postura, el paso, el tono de voz… Cada quien de acuerdo con su autovaloración. Si escuchan a los hijos hacer comentarios denigrantes respecto a su posición social, sus capacidades físicas o intelectuales, su mala suerte, etcétera, será una muestra clara de que la información que han recibido de ustedes ha sido producto de amor condicionado. Ellos han grabado todo lo malos que son y todo por lo cual *no merecen* ser amados.

Hizo una pausa para moderar la fuerza de su elocución y en forma menos efervescente continuó:

—Se ha descubierto en grupos de jóvenes huérfanos que una parte de ellos tiene franca predisposición a la droga y la delincuencia, mientras otra parte no. Después de minuciosos estudios se ha llegado a la conclusión de que invariablemente los pillos carecieron de amor y aceptación en su niñez, mientras que los huérfanos buenos y mentalmente sanos, aunque igualmente estaban faltos de un hogar, anteriormente habían recibido ciertas dosis de aceptación y amor incondicional. Por mínimas que éstas hayan sido, fueron suficientes para darles la autovaloración que los salvó de caer en la perdición.

Nuevamente se había despertado un hálito de reflexión en los presentes. En la medida en que el tiempo transcurría yo mismo me había sentido más atraído por la disertación. Yolza era un buen orador.

Repentinamente, y sin que pudiera controlarlo, me vino a la mente una gran preocupación por mi familia. ¿Por qué las circunstancias se habían dado de tal modo que sólo yo, el jamón del emparedado, me hallaba presente en esa plática? ¿Debería transmitirle a mis padres lo que estaba aprendiendo? Moví la cabeza negativamente. ¿Cómo iba a decirles que con el ejemplo de sus actos no estaban marcando un camino involuntariamente malo y que sus regaños y consejos no servían para casi nada? ¿Cómo explicarles que nos sentíamos poco amados y a veces hasta despreciados por ellos cuando hacíamos las cosas mal? ¿Cómo hablarles de la necesidad de aprender a darnos mutuamente amor sin condiciones? ¿Cómo expresarles que para que los ingredientes de este nuevo guiso pudieran mezclarse era indispensable que se cocieran al calor del horno de su mutuo amor hombre-mujer? No… No iba a ser capaz de explicárselo… Y aunque pudiera, ellos seguramente no me tomarían en serio.

Miré el reloj: si lograba localizarlos aún era factible que acudieran a la conferencia y aprovecharan lo que faltaba de ella.

Las edecanes comenzaron a ofrecer café dado que la explicación de la segunda ley había terminado y el maestro ordenaba su material para la tercera.

Me puse de pie olvidando esta vez llevar mi carpeta conmigo y caminé hacia el lugar de Sahian.

—¿Me acompañas otra vez a hablar por teléfono?

—Claro…

Bajamos. Y mientras yo sostenía la bocina, ella marcó.

Era inútil. A mi casa no había llegado nadie. Con poca delicadeza le quité el auricular y comencé a discar el número del hospital de papá, pero me detuve y colgué.

—Tengo que irme —sentencié.

—¿Vas a regresar?

Una intuición negativa sobrecogió mi corazón, así que, mientras hablábamos, comenzamos a salir de la escuela.

—No lo sé.

—¿Te espero aquí?

—No. Mejor vuelve al salón.

—¿Estarás bien?

—Sí, no te preocupes.

El intercambio de palabras anterior lo sostuvimos yo caminando por la acera rumbo a mi casa y ella siguiéndome. De pronto, dejándola y sola sin despedirme, corrí desesperado, presa de un incomprensible temor. Había recorrido ese camino miles de veces, pero nunca me pareció tan largo.

Muchos años después de aquello Sahian me confesó que esa tarde, al verme alejar corriendo tan preocupado por mi familia, sintió por primera vez que me amaba.

Llegué a mi casa jadeando. Todas las luces estaban apagadas, así que no me detuve a tocar. Salté la verja, crucé el patio y escalé la cornisa del baño principal; allí había un domo roto por el que podía entrar como lo hacía en otras ocasiones, cuando me demoraba en mis vagancias, para burlar a mi padre.

Ya antes de deslizar mi cuerpo por la hendedura del tragaluz pude sentir una fuerte carga de vibraciones negativas. Caí ágilmente junto a la tina y me pareció percibir cierto olor rancio y un aire frío. La piel se me erizó y las palmas de las manos me sudaban inmoderadamente.

Encendí la luz del baño y revisé las instalaciones detalladamente. Ahí todo estaba bien. Me costó trabajo abrir la puerta. Lo hice muy sigilosamente temiendo estar a punto de hallarme con algo desagradable. No me equivoqué. Apenas puse un pie en la sala casi me fui de espaldas: había un desorden descomunal. En el estudio los enormes libreros parecían haber sido arrojados violentamente al piso, los libros estaban tirados por todos lados, había vidrios rotos. ¡Dios mío! Lo ocurrido ahí no había sido una simple discusión. ¿Acaso una pelea? Tal vez un robo... Tal vez un encuentro furioso entre mi hermano y mi padre.

Caminé entre los restos de figurillas de porcelana, papeles, discos... Me agaché a recoger un pedazo de vidrio de la ventana rota y detecté rastros evidentes de sangre.

Sentí que perdía el equilibrio. Me llevé las manos a la cabeza y comencé a llorar. ¿Qué había pasado? ¡Dios mío!

Tenía que hacer algo, pero, ¿qué? Quise levantar un librero en el que solía guardarse la libreta de teléfonos para buscar la dirección de algún conocido y luego llamarle para preguntarle, pero no pude: era demasiado pesado. Además, ¿qué conocido? Mi tía Lucy era la única opción.

Me incorporé de un salto. ¡La escuela! Mi tía me había dicho que no me moviera de ahí. No podía darme el lujo de *no* estar si mis padres acudieran allí a buscarme.

Controlé mi aflicción y con la presteza de un ladrón escalé el lavabo y la regadera para salir por donde había entrado.

El perro de los vecinos aulló y giró sobre sí mismo como desquiciado al verme descolgar por la cornisa de la casa.

La pesadilla había comenzado.

13

LEY DE LAS NORMAS
DE DISCIPLINA

Llegué a la escuela y me paré en la puerta mirando de un lado a otro. Cada automóvil que se acercaba por la avenida me parecía igual al de mis padres y el corazón me latía con fuerza. Al poco tiempo el cielo se oscureció e impresionantes descargas eléctricas comenzaron a surcar el espacio. No me refugié de la lluvia cuando ésta se precipitó sobre mi cabeza. Tomé asiento en la banqueta y me dejé empapar, escuchando las elucubraciones de mi mente. Cavilaba con mezcolanza y desorden como deben de discurrir los desdichados que han perdido el juicio, primero abstraído con la desgracia de mi hermano mayor, luego preocupado por el evidente atraco que había acaecido en mi casa y después enfrascado en las consideraciones sobre cómo mejorar nuestra situación familiar. Era un letargo similar al sueño de Eutico que se relata en el capítulo 20 del libro de los Hechos. No sé cuánto tiempo estuve en esa posición, sólo recuerdo que comencé a sentir frío y, hecho una sopa, me puse de pie para entrar a la recepción de la escuela.

La secretaria me proporcionó una toalla y quiso enterarse de la razón de mi llanto. No lo toleré y le supliqué, con una ansiedad que la dejó sin habla, que en cuanto mis padres llegaran me mandara llamar: estaría en el tercer piso escuchando la conferencia.

Obviamente, en el tiempo que permanecía fuera se expusieron algunas ideas que no me gustaría dejar al margen del presente relato.

Gracias a que Sahian y yo posteriormente hicimos "algo más" que una amistad entrañable, ella ha supervisado y corregido lo descrito en estas páginas, amén de relatarme detalladamente cuanto ocurrió en mi ausencia, razón por la cual me atrevo a escribir lo expuesto en el salón con la conciencia de que es fidedigno.

La tercera ley se presentaba en los pliegos de papel bond del rotafolios con las mismas grafías brillantes que mostraban las anteriores.

LAS NORMAS DE DISCIPLINA DELIMITAN LA ÚNICA ÁREA CONFIABLE SOBRE LA QUE PUEDE EDIFICARSE LA TORRE DEL ÉXITO FAMILIAR Y PERSONAL
(Los cuatro vértices de esa área son: respeto, unión, prosperidad y autonomía)

—Cuentan que a un circo muy famoso llegaron dos leones para ser amaestrados —relató el licenciado Yolza—. Uno fue confiado a un entrenador que desde el principio estableció patrones de recompensas y castigos perfectamente claros: le prohibió al animal que le gruñera *ferozmente* o lanzara zarpazos, de modo que en cuanto lo hacía recibía un inmediato, aunque corto, castigo físico. Además le enseñó pacientemente a realizar ciertas rutinas después de las cuales invariablemente lo recompensaba con comida y agua. Por su parte, el segundo león fue puesto en manos de un entrenador neurótico. Este hombre en ocasiones le permitía al animal gruñir y amenazar con las garras sin darle mayor importancia a la agresión y en ocasiones, si no estaba de humor, lo azotaba ante la menor manifestación de rebeldía. Además, si el felino hacía las cosas que se le pedían, no recibía una recompensa clara: cuando el entrenador estaba de buen humor le daba enormes cantidades de alimento, le aplaudía y lo felicitaba efusivamente, pero cuando estaba de malas simplemente consideraba el acierto del animal como si hubiera cumplido con su deber y salía de la jaula sin darle la menor gratificación. El primer león, tratado con un código de reglas justas y constantes, aprendió rápido y no sólo se convirtió en la estrella del circo sino que adquirió cariño y respeto de su entrenador; en cambio, el segundo león, educado a la libre reglamentación emocional, acabó asesinando a su instructor y atacando a cuanta gente se le acercaba para intentar enseñarle, así que tuvo que ser sacrificado...

Se había encendido un proyector que proyectaba en la pared las fotografías de las fieras cuando llegaban al circo, cuando eran entrenadas y cuando la primera hacía sus actos con extraordinario éxito mientras la otra era llevada a la cámara para animales salvajes indomesticables.

—Esto es exactamente lo que ocurre en un hogar, tanto cuando hay reglas establecidas clara y públicamente, como cuando no las hay. ¿Cómo se manejan las normas en una casa? ¿Se permite en unas ocasiones algo que está prohibido en otras? ¿Pueden los padres realizar a veces actos vedados a los hijos? ¿Fortuitamente, tal o cual hecho bien puede tener la suerte de ser ignorado o correr el riesgo de ser motivo de regaños y feroces castigos? En la buena educación la razón debe prevalecer ante la emoción. Ya se dijo que no es suficiente con amar incondicionalmente a los hijos; éstos deben ser amados *inteligentemente*. Establezcan ustedes reglas justas y háganlas valer. Señores: las normas de disciplina son vitales en la familia, pero no pueden ser secretas ni cambiantes. Se recomienda que se escriban en un papel y se coloquen en un lugar visible para todos. Determinen clara y públicamente el camino a seguir, ¡y nadie se apartará de él! Inténtenlo, por favor. Si lo hacen, no habrán desperdiciado su tiempo viniendo a esta plática; es una de las principales recomendaciones para superar su calidad familiar. No pierden nada con probar y en cambio no imaginan todo lo que pueden ganar.

—Oiga... ¿Y los hijos deben cooperar para la creación de las reglas? —preguntó la mujer solitaria.

—No necesariamente. Es importante, sí, que ellos no acaten las normas por la fuerza sino que las *entiendan y acepten de buena gana,* incluso que las comenten, enriquezcan y critiquen; pero los únicos que poseen el derecho y la responsabilidad de dictarlas son los padres, como también serán los únicos con el poder de actualizarlas cuando vayan tornándose obsoletas, o ampliarlas, reducirlas y hasta hacerlas flexibles si alguna circunstancia específica lo requiriera.

—Pero, ¿no dicen que las leyes se hacen para ser violadas? ¿No será que los hijos las respetarán sólo mientras estemos observándolos?

—Eso dependerá de la forma como se las maneje. Las reglas oscuras e inexplicables se desobedecen siempre. **Sólo las prohibiciones que los hijos se hagan a sí mismos con base en lo que están convencidos serán eficaces.** Así que antes de darles órdenes, convénzanlos. No pretendan que sus hijos acaten las prohibiciones de ustedes sino las de ellos.

—Estoy de acuerdo en que haya reglas, licenciado, pero debe existir una guía para no caer en extremos represivos.

—Muy buena observación, señor. Existe una guía infalible para establecer bien los preceptos. Simplemente la disciplina debe cumplir cuatro objetivos: no importa lo que esté prohibido o permitido si se logra la consecución de esas cuatro metas.

El maestro hizo una pausa mientras revolvía su material en busca de la siguiente lámina a proyectar.

Yo entré precisamente en ese momento al aula. Algunos padres me recriminaron francamente con la mirada por mi interrupción, pero Yolza no.

Tomé asiento desganado en mi antigua silla, aún tiritando por la reciente ducha pluvial. Sahian me miró con asombro y tuvo intenciones de acercárseme para... ¿ayudarme?, ¿secarme?, ¿preguntarme? ¿Para qué...? Pero se quedó sentada en su lugar sin apartar la vista de mí aun cuando el maestro había comenzado a hablar.

La carpeta de argollas estaba intacta en el mismo sitio. La abrí y la volví a cerrar.

No me costó mucho comprender que había llegado en un momento neurálgico de la exposición. Me agradaban las cosas simples y acertadas, de modo que si establecer reglas en un hogar dependía de cumplir cuatro sencillos requisitos, me interesaba conocerlos.

No era el único atraído por esa idea. Los asistentes se olvidaron casi inmediatamente de mi inesperado arribo y Sahian terminó por volver la cabeza hacia el frente.

El director colocó la ilustración sobre la placa iluminada y apareció en la pared un rectángulo con una palabra en cada vértice:

RESPETO   UNIÓN

PROSPERIDAD   AUTONOMÍA

—Analicemos el primer requisito: **RESPETO**. ¿Cómo definirían ustedes el respeto en un hogar?

Una señora entusiasmada con el tema levantó la mano para opinar:

—Es no ser grosero, o sea: ser educado.

Ante la dificultad que se presenta cuando se quieren definir los conceptos más simples, no hubo ningún otro voluntario.

—El respeto es una línea imaginaria —explicó el licenciado—, trazada de mutuo acuerdo entre dos personas. Un límite que nunca se deberá propasar. Es cierto que en algunos consanguíneos su línea de respeto les permite hablarse a gritos, diciéndose malas palabras, sin que ninguno se ofenda; pero a cambio existen otros casos en los que un simple alzar la voz, mostrarse burlón o decir una grosería puede significar una falta de respeto. Entre gente que vive bajo el mismo techo, aunque no sean familiares, la línea del respeto es algo que debe estar claramente delimitado por las reglas.

—¿Y cómo se hace eso?

—Las normas que se dicten deben incluir algunos conceptos, tales como la prohibición absoluta de burlarse de los errores de los demás y de mencionar las frases tan comunes: "cállate", "no seas tonto", "te creí más listo", "estás loco", "estás idiota", "te faltan sesos", "¿tu cerebro no alcanza para más?"

Las prohibiciones referidas me parecieron tan usuales que no pude evitar sonreír. Si se pusieran en práctica en mi casa, ¿de qué hablaríamos entonces?

—El segundo objetivo que deben cumplir las normas disciplinarias es la UNIÓN —continuó el expositor después de una breve pausa en la que no hubo comentarios—. La unión es lo que hace fuertes a las familias. Estar unidos es compartir juntos tanto los momentos importantes como los nimios. Hay hogares cuya unión es tan precaria que cada quien llega y se va a la hora que quiere sin avisar, come lo que hay en el refrigerador o el guiso que alguien, no importa quién, hizo el favor de dejar sobre la estufa; los hijos rarísima vez salen con los padres y éstos son tan indiferentes que ni protestan por la indiferencia de aquéllos. No hay nada más absurdo que una familia desunida. Si no es como un equipo, si no hay mutuo interés por los demás miembros y ayuda espontánea, si no se solucionan juntos los problemas individuales, la familia no tiene sentido de existir.

—Antes los hogares eran más unidos, licenciado —interrumpió un señor—. ¿Por qué es tan común ahora la disgregación?

—Porque hemos confundido los valores. Todos poseemos *algo* precioso e insustituible que, una vez que se da, no se repone jamás: NUESTRO TIEMPO. Es el mayor tesoro con que contamos y solemos regalárselo a raudales al trabajo, a las amistades y a satisfacciones como comer, dormir y divertirnos, pero en cambio lo escatimamos terriblemente cuando se trata de brindárselo a nuestra familia, ¡siendo ésta la prioridad principal de todo hombre de bien! ¡Debemos dedicar más tiempo "de calidad" a nuestros hijos y cónyuge! Es una advertencia grave. No la tomen a la ligera.

—¿Nos podría dar algún ejemplo de reglas que persigan la unión?

—Dénmelas ustedes.

—¿Podría ser que todos los domingos se reservaran para salir o convivir juntos?

—Perfecto. ¿Alguna otra?

—Que se debe hacer por lo menos una comida al día reunidos.

—Que los miembros de la familia deben practicar un deporte juntos.

—Que nunca se deje solo a alguien que tenga algún problema.

La lluvia de sugerencias fue interrumpida por la brusca entrada de mi padre al salón.

¡Mi padre!

Me puse de pie como movido por un resorte.

Todos, sin excepción, volvieron la cabeza para ver al recién llegado. Hubo un silencio incómodo en el recinto. Venía vestido con un traje negro liso y elegante que sólo le había visto en algunas ocasiones, no recordé en cuáles. Traía la mano derecha vendada en cabestrillo, un parche en la frente y el cabello despeinado en forma inusual. Pero lo realmente grotesco de su apariencia era su rostro evidentemente hinchado y rojo.

Moví la cabeza. No me cupo la menor duda de que tomó parte en la lucha que dejó la casa hecha un desastre.

Me miró con un gesto que no le conocía, entre enfadado y suplicante.

—Vámonos —dijo en voz baja con articulación babosa.

¿Habría vuelto a tomar? Cinco años antes, cuando Saúl tuvo el problema con el matrimonio Yolza, a mi padre le dio por emborracharse. La primera vez que lo vi así me sentí muy deprimido, más que por su estado por la impactante realidad de que aquel héroe infalible no era tal. Fue el día en que dejé mi infancia atrás.

Me puse de pie nervioso y apenado por la desagradable interrupción. El director se adelantó para invitar al recién llegado a quedarse.

—¿Por qué no escucha la plática? Le aseguro que puede serle útil.

Era obvio que mi padre estaba a punto de realizar una majadera escenificación de insensatez, pero su enajenación tomó matices contradictorios. Hizo un gesto feo y se dejó caer en la primera silla que encontró. Parecía un enorme bebé malcriado. Una de las edecanes se apresuró a darle un lápiz y papel que él tomó mecánicamente con la mano sana, como si estuviese hipnotizado. Vaya extraño padre que Dios me había dado.

Al ver que todo parecía nuevamente dispuesto para permitir que la sesión continuara, Yolza se aclaró la voz para hablar con una fuerza y entusiasmo que no había usado hasta ese momento.

—El tercer objetivo que deben perseguir al determinar las reglas es la **PROSPERIDAD**. Los padres deben ser firmes y estrictos en el cumplimiento de las normas que persigan la prosperidad, porque de ellas dependerán gran parte de los buenos hábitos inculcados de por vida. No importa cuánto se quejen o protesten los hijos, éstos deberán aprender a ser perseverantes y diligentes.

—¿Quiere decir que debemos exigirles que sean buenos estudiantes? —preguntó una señora.

—Eso y mucho más. ¡En toda familia digna la ociosidad debe estar terminantemente prohibida! —y al decir esto dio un golpe en la mesa que me hizo saltar—. Por ningún motivo deberá permitirse desertar del colegio o darle la espalda a las responsabilidades. Los jóvenes no pueden optar por la vagancia frente a la nariz de un buen padre. Las normas de prosperidad son las más graves y las más difíciles de hacer cumplir porque requieren un grado mayor de energía. Los padres débiles e ineptos fracasan con ellas y permiten a sus hijos fracasar.

—Pero si los muchachos no quieren estudiar, ¿cómo va uno a forzarlos?

—¡Como sea! ¡Por la buena o por la mala!

—¿Está usted sugiriendo que seamos duros?

—Sí. Ningún correctivo será lo suficientemente fuerte para llevarlos a la senda del trabajo. ¡No debe tolerarse que los hijos se vuelvan perezosos! No les den a escoger. No les digan: "Si no quieres estudiar te voy a conseguir un empleo de obrero o de criada". Simplemente ellos no tienen que opinar al respecto. Si quieren vivir en su casa deberán obedecer las reglas, y una de las más importantes es que por ningún motivo podrán evadir sus deberes.

Mi padre levantó su ojerosa vista y pareció interesarse un poco en lo que se estaba exponiendo.

—La **"prosperidad"** también significa **"seguridad"**. Todo padre sabe que por la noche las calles de la ciudad están atestadas de vagos, pandilleros, buscapleitos, ladrones, borrachos y demás; por lo tanto es lícito que haya una hora estipulada como límite para llegar a dormir. No voy a sugerir ninguna. Los padres decidirán eso según su criterio, pero la hora que estipulen será respetada. Es un hábito de decencia en toda persona prudente estar en casa a una hora segura. Los hijos tampoco tienen que opinar al respecto. No importa si el jovencito llora y patalea porque a "esa hora las fiestas apenas empiezan a ponerse buenas". No hay excusa pueril que los padres se traguen con más frecuencia. Si eres un buen dirigente de familia aprende a decir "¡lo siento mucho, hijito!" En el hogar el progreso y los buenos hábitos van unidos al amor. Sólo el que no ama a sus hijos evita un buen correctivo a tiempo. En el terreno de la prosperidad entran reglas que controlan el fumar, el beber alcohol, el levantarse y dormirse después de determinada hora, ver la televisión, tender la cama, comer de cierto modo, ser cortés, sincero, honesto, no robar, no mentir, etcétera. Los buenos hábitos son el camino a la superación y deberán adquirirse proteste quien proteste.

El director terminó de hablar usando tal energía que me puso un poco nervioso. Todos los presentes estaban con los ojos muy abiertos, embargados por un sentimiento similar.

Yolza le pidió a mi padre que pasara al frente a leer una pequeña pero extraordinaria carta ilustrativa de lo anterior.

Papá pareció no escuchar la invitación. Miraba al frente como narcotizado, sin pestañear. El corazón quería salírseme del pecho. Ése no era mi padre. Daba la impresión de estar desmayado con los ojos abiertos. Todo cuanto ocurría respecto a él era demasiado extraño.

Otra persona se levantó, tomó la hoja que le ofreció el ponente y comenzó a leer con excelente dicción:

Hijo mío:
La familia es como una empresa. En las empresas existen lineamientos y políticas establecidas por los directivos. Estas políticas no se discuten. Se cumplen.
A mí me ha tocado ser el directivo de esta familia. Fue Dios quien lo dispuso así, no yo. De modo que, te guste o no, yo pongo las reglas.
Quiero que siempre hablemos de frente y con el corazón. Somos amigos, pero entre nosotros hay un límite que no debes olvidar. La conducta respetuosa, unida y próspera de los miembros de esta casa no se puede negociar. Me gusta la

modernidad, mas la columna vertebral es intocable, no se moderniza.

En ocasiones duele obedecer, pero en la vida tendrás que sufrir cualquiera de los siguientes dos dolores (no te escapas y la elección es tuya): el dolor de la disciplina o el dolor del arrepentimiento.

El padre que hereda sólo dinero deja a sus hijos en la pobreza; el que hereda principios les da un motivo de vivir. Esta carta la escribí por eso. Te amo infinitamente. Daría la vida por ti. TU PADRE... (C. C. S.)

Cuando el lector voluntario volvía a su silla, aproveché para echarle una mirada a papá. Me asusté de lo que vieron mis ojos. Su rostro carmín se había matizado de morado, tenía la boca seca y grandes ojeras grises. Él también aprovechó el movimiento de sillas para ponerse discretamente de pie y salir del lugar. En su caminar hacia afuera detecté un ligero bamboleo, así que procurando a mi vez desplazarme sigilosamente para no interrumpir la plática salí tras él.

Lo hallé recargado en el barandal de la escalera con la cabeza gacha. Al sentirme cerca se incorporó y comenzó a bajar los escalones. Caminé a sus espaldas sin hablar, pero apenas habíamos descendido tres peldaños se volvió hacia mí y me indicó que lo dejara en paz, que sólo quería tomar aire fresco. Le dije que necesitaba saber lo que mi tía Lucy no consideró pertinente confiarme, a lo cual respondió gritándome, con una hosquedad tan humillante como incongruente:

—¿Qué no eres capaz de acatar una orden simple? Ve al salón y déjame solo. Yo volveré enseguida.

—¿Regresarás por mí, verdad?

No contestó. Me quedé paralizado con un terrible nudo de frustración en la garganta viéndolo alejarse escalones abajo. Había olvidado lo recientemente expuesto referente a la zona de intimidad de las personas, por lo que me sentí sumamente desdichado.

Sahian me alcanzó en la escalera y se detuvo frente a mí mirándome con ese chispazo de inteligencia y ternura que brillaba siempre en sus ojos; luego me tomó del brazo sin decir palabra para conducirme escalones arriba de regreso al salón. No tuve fuerzas para resistirme a su cariñoso gesto. Me dejé conducir como un muñeco. Había comenzado a perder el control de mis pensamientos.

14

LAS NORMAS DE LA FAMILIA YOLZA

"Al establecerse las reglas de un hogar deben tomarse en cuenta el respeto, la unión y la prosperidad." *En mi mente* no dejaban de repetirse estas palabras. Aun cuando el cuarto requisito, la autonomía, fue explicado inmediatamente después, estando yo presente, el concepto ni siquiera se dignó rozar levemente mis entendederas.

Fue Sahian quien me relató lo que se dijo respecto a este último punto para que pudiera escribirlo.

—Finalmente —señaló el director simulando no haber visto la salida de papá—, tenemos el requisito más descuidado en las reglas: la **AUTONOMÍA**. Éste es el contrapeso que equilibra la balanza de paz en un hogar. Sin él la disciplina puede adquirir matices de represión militar. Autonomía significa libertad de pensamiento y conducta **dentro de los límites de las otras reglas.** La autonomía permite un ambiente laxo en el que no se tiene miedo a nada o a nadie, mucho menos a los padres. En toda familia equilibrada debe haber **absoluta libertad de ser uno mismo,** de determinar nuestro futuro y **declarar abiertamente nuestros gustos** sin temer el rechazo de los demás. Cada individuo de la casa debe tener autonomía total para tomar decisiones personales sin necesidad de someter a juicio civil su parecer. En el hogar no es permisible un ambiente tenso o inhibidor; cada uno debe estar capacitado para disfrutar plenamente el momento presente entregado a la alegría de estar creciendo precisamente A SU MODO. Esto, insisto, no significa que se pueda hacer lo que se desee, sino que, enmarcados y encaminados por el buen sendero, cada quien debe ejercer su derecho de ser ÉL MISMO. Para llegar a la consecución de este objetivo vital e indefectible, el código familiar debe incluir la prohibición de: imponer ideas como únicas y absolutas, de tildar las opiniones ajenas de inmaduras, bobas o impensadas, de burlarse del que vista, peine o se exprese de modo especial, de hablar mal, por molestar, de los amigos o novios, de criticar malsanamente la música, los programas de televisión o los gustos de los demás. Para decirlo en una frase: debe estar absolutamente prohibido contemporizar e intentar cambiar los anhelos y quereres de nuestros familiares sólo para que ellos lo hagan a nuestra forma. Nadie tiene la obligación de parecerse a alguien. La mala costumbre de criticar al prójimo debe arrancarse de raíz. La persona realizada, al no tener el hábito de juzgar, no se siente juzgada, no le importa el "qué dirán" y no tiene tiempo para inmovilizarse con preocupaciones, temores, culpas o ansiedades... ¡Que en sus familias no falte la **autonomía** y por la mente de vuestros hijos no cruzará jamás el pensamiento de huir de casa, ya que en ella se sentirán libres, amados y aceptados con todo lo extravagantes que se les antoje ser!

Yolza terminó sin poder ocultar una leve sonrisa de satisfacción. Algo fuera de lo común estaba ocurriendo. Todos lo percibíamos. Un murmullo de opiniones aprobatorias comenzó a levantarse en el salón y yo aproveché para incorporarme a medias con el fin de estirar las piernas y echar un vistazo por la ventana que estaba justo detrás de mí.

Al mirar a la calle sentí un escalofrío en mi espina dorsal.

Había un hombre en cuclillas con la cabeza baja justo debajo del farol que alumbraba la fachada de la escuela. Era mi padre, de eso no había duda.

Aún lloviznaba y su particular postura lo hacía parecer un vagabundo o un triste desahuciado cuya concepción de las cosas le permitía entregarse a actitudes que para un individuo sano resultarían grotescas.

Volví a sentarme en mi silla y percibí cómo la garganta nuevamente se me cerraba. Sahian no dejaba de mirarme de vez en vez, así que bajé totalmente la cabeza y, para disimular la incorrección de esa apariencia, abrí mi carpeta hojeando las copias de los apuntes de Tadeo Yolza.

Los asistentes a la conferencia siguieron preguntando y el maestro respondiendo.

Entonces me encontré con algo verdaderamente maravilloso, algo extraordinario que a la vez era normal... y era de esperarse.

En una de las tantas secciones de las notas que aún no había revisado se hallaban archivadas las normas de la familia Yolza. Cuatro listas diferentes que, según deduje por las fechas del encabezado, rigieron el hogar del director en los cuatro años anteriores.

Las cosas se me estaban dando con una oportunidad inverosímil, pero yo había comenzado a pensar que en todo lo que estaba pasándome había otras fuerzas mayores que el azar.

La ley de la ejemplaridad se cumplía una y otra vez frente a mí: para el alumno importa más un ejemplo del maestro que mil palabras.

La lectura de esas páginas me permitió pensar en lo expuesto recientemente, olvidándome un poco de mi padre y de toda esa sarta de situaciones confusas. Al leer incluso dejé de escuchar lo que se decía al frente, el nudo en la garganta se diluyó y las lágrimas que estaban a punto de brotar se recogieron.

Debo confesar, aunque tal vez no debiera, que de tanto llevar y traer aquellas copias he extraviado algunas, entre las que se encuentran las listas de normas; sin embargo, aunque mi memoria nunca ha sido particularmente prodigiosa, me atrevo a malcopiar de ella lo que decían esas hojas, primero, porque gracias a ellas desde entonces no han faltado las reglas por escrito en mi casa y, segundo porque, ese ejemplo que ahora transcribo, aunque no sea especialmente fiel al que recibí, tuvo en mi vida más fuerza formativa y aleccionadora que la que hubiera podido tener un volumen de razonamientos similar a la disertación pedagógica de Makarenko.

REGLAS FAMILIARES PARA ESTE AÑO

GENERALES (PARA PADRES E HIJOS)

1. Toda la familia hará junta por lo menos una comida al día.
2. Toda la familia paseará unida como mínimo una vez al mes.
3. Los padres saldrán solos (sin hijos) al menos una vez al mes.
4. No está permitido en días comunes ingerir golosinas o comida chatarra, tomar refrescos, ni comer en la sala o en el coche.
5. Después de comer, cada uno levantará los platos y cubiertos que haya utilizado.
6. En los enojos y discusiones está prohibido (refiriéndose incluso a las desavenencias conyugales):

    a) **Decir groserías, palabras ofensivas, "siempre", "nunca", "me voy".**

    b) **Imponer reglas nuevas o invalidar las que hay.**

    c) **Mostrarse indiferente y evitar hacer las paces después de una hora de ocurrido un problema.**

    d) **Dar mayor importancia al problema que a la relación.**

7. El horario límite para irse a la cama entre semana será: Niños: 8.30 p.m. —Papás: 10.30 p.m.

OBLIGACIONES ESPECIALES DE PAPÁ

1. Trabajo en oficina.
2. Reparaciones y mejoras a la casa o coches.
3. Ir con mamá a comprar la despensa al menos una vez por quincena.
4. Llevar a los niños a la escuela.
5. Jugar con los niños como mínimo una hora durante la semana.
6. Vigilar el cumplimiento de las reglas.

OBLIGACIONES ESPECÍFICAS DE MAMÁ

1. Comida diaria (excepto una vez a la semana, que comeremos fuera).
2. Supervisión del ASEO y buen estado de la casa, la ropa y los coches.
3. Recoger a los niños de la escuela.
4. Llevarlos a sus clases extras (vespertinas).
5. Jugar con los niños un rato diariamente.

OBLIGACIONES COMUNES PARA LOS HIJOS

1. Se les permite una hora diaria como máximo de televisión.
2. Deberán lavarse los dientes después de cada comida.
3. Deberán alzar los juguetes y arreglar su cuarto antes de ir a la cama.
4. Deberán depositar en el cesto su ropa sucia y guardar la limpia.
5. No está permitido mentir en ningún caso, ni decir groserías.
6. Para obtener dinero extra deberán hacer labores especiales en la casa.

OBLIGACIONES ESPECÍFICAS DE IVETTE (8 años de edad)

1. Tender su cama diariamente.
2. Dar de comer al perro todos los días y bañarlo una vez al mes.
3. Ahorrar por lo menos 30% del dinero que obtenga.

OBLIGACIONES ESPECÍFICAS DE CARLOS (5 años de edad)

1. Bañarse y vestirse solo.
2. Ayudar a Ivette a bañar al perro.
3. Ahorrar por lo menos 20% del dinero que obtenga.
4. No le está permitido correr en la casa ni brincar en las camas.
5. No puede salir solo a la calle ni atravesar avenidas.
6. En ausencia de sus padres obedecer a Ivette.

RESPONSABILIDAD FUNDAMENTAL DE LA FAMILIA:
Vivir en comunión con Dios. Estudiar Su Palabra al menos una vez a la semana. Ir al servicio religioso los domingos. Estas reglas se revisarán y actualizarán al principio de cada año, pero podrán modificarse en cualquier momento por los padres.

TODO LO QUE NO ESTÁ PROHIBIDO ESTÁ PERMITIDO Y LAS ACTIVIDADES PERSONALES DE CADA UNO PUEDEN HACERSE LIBREMENTE SI SE HAN CUMPLIDO LAS OBLIGACIONES ESPECÍFICAS.

Al pie de la última sentencia aparecían las firmas de todos los miembros de la casa.

Observé las hojas de arriba abajo y de abajo arriba. Eran más que unas simples reglas: eran un manual de organización. Contra lo que yo había entendido del tema, no sólo se exponían claramente las normas para los niños sino que se mencionaban también abiertamente los lineamientos de los padres.

Me llamó la atención que a los "enojados" se les concedía **una hora** de indiferencia y rebelión, pero pasado ese tiempo se les exigía buscar hacer las "paces". También en esta curiosa normatividad para las desavenencias reparé en que ni aún a los padres se les permitía agregar o invalidar reglas mientras estuviesen enfadados. No pude dejar de observar, asimismo, que la pequeña Ivette tenía más libertades pero también mayores responsabilidades que su hermano menor.

Me hallaba enfrascado en esas meditaciones cuando cierta frase mencionada por el expositor me hizo volver a la realidad con una vehemencia similar a la que debe de sentir una persona dormida sobre la que se vuelca una cubeta de agua fría:

—¿Gusta sentarse, doctor Hernández?

Mi padre se hallaba de pie apoyado ligeramente en el marco de la puerta. ¿Cuánto tiempo llevaba allí?

—No, gracias —dijo notablemente repuesto, pero sin dejar de ostentar un aspecto desagradable, ahora con el cabello mojado y el traje sucio.

—Ya me voy. Aunque antes quisiera hacerle una pregunta.

—La que quiera.

—Al existir las reglas deberá castigarse al infractor, ¿no es cierto?

—Invariablemente.

—¿Y usted cree que es bueno dar una paliza de vez en cuando?

Me llevé las manos a la cabeza. Dios mío, ¿por qué preguntaba eso?

Papá nunca había sido muy afecto a golpearnos. Sin embargo, pude dilucidar que en la noche pasada los acontecimientos en mi casa no habían ocurrido de forma usual.

De cualquier modo, tenía la sensación de que muy pronto me enteraría de todo, pero también la tenía de que desgraciadamente no me gustaría.

15

LEY DE COMUNICACIÓN PROFUNDA

—Golpear a un hijo es una táctica que no está vedada del todo —sentenció Yolza ante mi sorpresa—. Y digo táctica porque debe usarse como eso, como recurso extremo y eventual **que no debe ir acompañado jamás de ira;** es algo reservado para circunstancias delicadas tales como grandes transgresiones a las normas de respeto y prosperidad, o desobediencias que no podemos darnos el lujo de permitir que se repitan.

—Se dice fácil —protestó papá—, pero, ¿existe alguna señal que nos indique *cuándo y cuánto* debemos castigar?

—Sí: **la violación a los principios.** Únicamente al acaecer ésta el padre tiene derecho a regañar. La represión es lícita **sólo ante la desobediencia.** Si un jovencito hace algo malo sin el antecedente de haber sido advertido de no hacerlo, amonestarlo será injusto. Por muy enojados que estemos con su acción, deberemos limitarnos a explicarle por qué estuvo mal lo que hizo y sentar el precedente de una nueva regla... —se dirigió al resto de los oyentes para advertir—: Padres, si no han establecido un código de normas en la casa, sus castigos serán tildados de tiranías y sus enfados de histeria. El pecado sólo se verifica ante la inminencia de haber hecho algo que se tenía prohibido.

—Pero usted no ha satisfecho mi duda —retomó papá—. Si los azotes están reservados para faltas graves, ¿cómo castigar entonces *normalmente?*

—Con palabras firmes, demostrando enojo de forma inmediata. No importa cuántas veces se cometa la misma transgresión, siempre deberá corregirse. Es imprescindible que ambos progenitores estén de acuerdo, pero si uno llegara a no estarlo, evitarán a toda costa discutir frente a los hijos. El castigo impuesto deberá levantarse apenas el joven haya comprendido su error. **La clave de una reconvención eficaz estriba en no prolongar demasiado el enojo.** Hay gente que permanece enfadada durante días o semanas: nada es más insano y tonto que eternizar innecesariamente un disgusto. Casi inmediatamente después del regaño se debe HABLAR; la reprimenda será explicada por los padres y comprendida por los hijos.

—¿Y si los hijos no entienden?

—Si los hijos no entienden es señal de que no se les ha hablado con suficiente amor. Amor incondicional, doctor Hernández. No hay ser humano que se resista a él.

Los ojos de mi padre se cristalizaron con gotas de confusión. Por un momento me pareció un impostor. Yo siempre creí que ese hombre no tenía lágrimas. Nunca en mi vida lo había visto llorar, ni aun cuando falleció su madre, así que verlo afligido era todo un acontecimiento para mí.

—Yo los he guiado con dureza y les he pegado cuando han desobedecido —musitó—. Usted se rozó con mi hijo Saúl. Un mal muchacho incorregible. Nada funcionó con él. Si supiera lo que me hizo...

Y sus palabras se fundieron en un sollozo ahogado. No se tapó la cara con las manos. Sólo frunció el entrecejo y dejó que las lágrimas corrieran por sus mejillas ante la mirada absorta de los asistentes.

Sentí que unas tenazas ardientes me apretaban el cuello y los ojos se me humedecían. La preocupación de lo que hubiera pasado en la víspera no tenía la menor importancia en contraste con el impacto que me causaba ver a mi padre en ese estado. Tuve deseos de levantarme y acercarme a él... ¿Cuánto tiempo hacía que no lo tocaba?

—La dureza en la educación, doctor Hernández, debe ir acompañada de una **comunicación abundante y profunda.** Si no se hace de ese modo, los hijos acumularán rencor y deseos de venganza. ¿Sabe lo que pasa por la mente de un muchacho que ha sido golpeado o reprendido con severidad? Haga un poco de memoria: usted debe de haberlo vivido. Después del azote el aprecio hacia el padre corrector y hacia sí mismo merma irremisiblemente; la ira se torna indignación y ésta inquina. El daño es tal que aunque después la tempestad se convierta en calma, las huellas del odio quedan grabadas en lo más profundo.

Mi padre controló sus gemidos y yo, a mi vez, me apresuré a respirar hondo intentando calmar mi creciente turbación.

—Para que ello no ocurra, debemos aplicar constantemente la cuarta ley: "COMUNICACIÓN PROFUNDA". Digamos que castigar a un hijo es como producir una herida necesaria, similar a la incisión que practican los cirujanos para extirpar un tumor. No basta con hacer la hendedura y extraer el quiste de la desobediencia, es indispensable coser cuidadosamente la abertura y protegerla de toda infección. Los padres que no aplican la **comunicación profunda** después de un azote son como cirujanos que tras la intervención permiten que el paciente vuelva en sí con la herida abierta y sin suturar.

Se volvió de espaldas y desplegó en el rotafolios el enunciado de la cuarta ley:

LEY DE COMUNICACIÓN PROFUNDA

"UN PARÁMETRO FIEL PARA DETERMINAR
LA CALIDAD DE UNA FAMILIA ESTÁ DADO
POR EL NÚMERO Y FRECUENCIA DE
CONVERSACIONES SERIAS ENTRE SUS MIEMBROS"

Las luces se apagaron y de inmediato se proyectó en la pared un cuadro explicativo de la ley:

EXISTEN TRES FORMAS DE CONVERSAR:

Primer nivel de comunicación *(Superficial). Se utiliza para comentar asuntos sin sustancia ni trascendencia. Es el tipo de plática que se da entre gente que se conoce pero no se estima. En este nivel trivial es fácil insultar, vituperar o criticar sarcásticamente, por lo que con frecuencia se comete el error de herir a quien nos habla con mayor profundidad. Nada es más dañino en la familia que una constante comunicación superficial.*

Segundo nivel de comunicación *(Social). Participa uno en él cuando se comentan ideas, experiencias, vivencias o inquietudes personales en forma fría y calculada, sin involucrar sentimientos.*

Tercer nivel de comunicación *(Profundo). Sin máscaras ni escudos. Se da sólo entre personas que se quieren y, al acaecer, se abre el cofre del tesoro en el que se guardan las dudas, temores, anhelos, dolores, tristezas, gustos, quereres. Un cofre que debe estar siempre abierto para nuestra familia.*

Curiosamente el licenciado Yolza no explicó este cuadro. Se limitó a dejarlo proyectado un largo rato. Cuando comenzó a hablar su voz era —como un buen ejemplo de comunicación profunda— suave e íntima.

—Al correr del tiempo muchas experiencias se han borrado de mi mente, pero la que voy a relatarles, jamás. Hace muchos años, cuando yo estudiaba el tercer grado de secundaria, un día llegué a la casa con amigos, ufanándome de mi machismo y exigiendo de comer —se detuvo ensimismado. Tal parecía que la anécdota que estaba a punto de compartir con nosotros había sido trascendente para él. Casi inmediatamente se animó y continuó—: Esa tarde, al no ver nada en la estufa le grité a mi madre que dónde rayos estaba, que si ésa era la forma en que "le había enseñado" a recibirme. Mi mamá se presentó con los ojos muy abiertos asombrada por mi insolencia y yo, luciéndome frente a mis compinches, le pregunté qué había hecho toda la mañana ya que no veía ollas de guisado... La tierra se abrió bajo mis pies cuando vi a mi padre aparecer detrás de mamá. ¡Dios mío! ¡No pensé que estuviera en casa! En una ocasión anterior él me había advertido que, bajo mi responsabilidad, yo podía hablarle groseramente a *mi madre* si así lo quería, pero que me cuidara de que él no me sorprendiera nunca hablándole así a *su esposa*. Como era lógico, esa vez se adelantó para pedirle a mis amigos que se fueran y de inmediato se sacó el cinturón. Antes de pegarme me dijo que cuando recibiera los golpes debía dar gracias a Dios por tener un padre que me corregía. Fue una paliza sin igual; a cada golpe, llorando le hablaba a Dios, y poco antes de que la tunda terminara yo estuve seguro de que Él me oía.

La semioscuridad en el recinto y el silencio absoluto dieron a la anécdota un impactante matiz de seriedad. Sólo la parte izquierda del rostro del expositor estaba parcialmente iluminada por el reflejo de la luz proyectada en la pared.

—Subí a mi cuarto bañado en lágrimas —continuó el licenciado Yolza—. El ardor de los azotes me impidió recostarme, así que me encerré en el armario. Lloré desconsolado sintiéndome degradado, indigno, lleno de rencor y odio contra todo el mundo. Sólo pensaba en morir. Entonces ocurrió algo que cambió mi vida. Mi padre entró al cuarto a buscarme. Oí su llamado y me negué a salir de mi escondite, pero él no dudó: abrió la puerta corrediza y se agachó para tenderme sus brazos. No pude contener los sollozos y terminé abrazándolo lleno de aflicción. Entonces me acarició la cabeza diciéndome todo lo que me amaba. Con enorme pesar confesó lo mucho que le dolía haberme castigado, pero no se mostró arrepentido. Me dijo que con todo el dolor de su alma tendría que corregirme siempre que lo requiriera, y me pidió que lo entendiera. Mi insolencia había sido tan seria que él pudo haber prolongado su enfado durante días e incluso nunca olvidar el agravio que

cometí contra mi madre (y su esposa), pero lo fabuloso de la
lección fue que a los pocos minutos de haberme propinado la
merecida paliza olvidó todo y me perdonó. Me hizo ver la forma en que yo le importaba y, señores, mi padre temblaba al
acariciarme porque hablaba con el corazón. Lloró cuando me
abrazaba. Olvidé la molestia de los golpes y me bebí sus lágrimas con besos. Su fuerte y prolongada opresión me apretó el
alma misma.

El licenciado Yolza hizo una pausa en su relato para respirar
y controlar la avalancha de emociones que ese capítulo de su
ayer le provocaba. Cuando se recuperó, continuó:

—Si yo tuviera que mencionar una vivencia a la que deba
todo lo que ahora soy, sin ninguna vacilación elegiría aquélla.
Probablemente no hay nada que dé más gusto a Dios que ver
a un padre cumplir con la obligación de disciplinar y verlo
después acercarse a su hijo para hablarle con el alma y decirle
todo lo que lo quiere. De una cosa al menos sí estoy seguro:
no hay método más poderoso y eficaz en la educación.

En sus palabras había una convicción tan firme que a nadie
le quedó duda de su franqueza.

—Jamás se incrementó tanto en mí el respeto hacia mi padre
como en aquellas ocasiones que lo vi afligido —continuó—. A
muy corta edad llegué a la conclusión de que mis progenitores
eran seres humanos con errores, pero de buenos sentimientos,
seres que amaban y merecían ser amados. Ellos solían dejarme
solo en la lucha diaria, pero cuando las cosas me iban mal
siempre estaban allí para apoyarme y mostrarme su amor incondicional. Entiendan esto: ¡la comunicación en la familia
debe ser de tercer nivel! ¡Todo ser humano tiene necesidad de
comunicarse en forma profunda y sincera! La insatisfacción de
esta necesidad en casa arrojará a sus hijos a la calle en busca
de quienes estén dispuestos a intimar con ellos, y en la calle
todo puede suceder. Pierdan el miedo a abrir sus sentimientos
y luego pierdan el miedo a disciplinar. Si los hijos faltan a
las reglas, castíguenlos con dureza; no duden en reprender si
la falta lo amerita. Pero después del regaño o de la zurra,
abrácenlos, bésenlos, desnuden su alma hablándoles con el

corazón en la mano, demostrándoles sin cortapisas todo lo que los aman. Por favor, *¡no esperen a que estén dormidos para ir a besarlos y acariciar sus cabezas!* **La verdadera dirección eficaz está acompañada de una lealtad y honestidad tal que nos concede el deleite de mostrar el cariño que sentimos cara a cara.** Un padre no será menos hombre al besar a su hijo varón ni éste perderá virilidad al estrechar a su padre. Ésos son complejos machistas que, al acogerse, se inculcan en los hijos con graves consecuencias. La familia sana debe abrazarse, besarse y hablarse habitualmente con mucho afecto. Los padres que coartan la comunicación profunda tarde o temprano lo lamentan...

Unos gemidos entrecortados pero lastimeros se escucharon en la penumbra. Antes de que el licenciado Yolza le indicara a la edecán que encendiera la luz, yo ya sabía de quién provenían.

Cuando la claridad de las lámparas fluorescentes nos inundó, me percaté de que había varios adultos con los ojos llorosos, pero que se cuidaban muy bien de no hacerlo notorio.

Sólo a mi padre no le importó demostrar su deplorable estado de ánimo.

—Yo tengo que aportar algo a lo que usted ha dicho —anunció entre sollozo y sollozo—. Todos los aquí presentes deben saber lo que me ha pasado antes de que algo similar les suceda.

Caminó lentamente hacia mí haciendo una enorme inhalación. Fue un recurso efectivo porque se controló. Se detuvo a mi espalda y yo sentí que la ansiedad me mataba.

Todos nos miraron.

Finalmente, apoyó sus manos sobre mis hombros y comenzó con resolución ingente:

—Saúl, mi hijo mayor, hace cinco años estuvo a punto de ir a la cárcel porque golpeó a una maestra embarazada y le produjo un aborto.

Hubo una pausa incómoda en la que mi padre dudó si abrirse o no por completo.

—El señor Tadeo Yolza conoce muy bien esa historia. El

niño perdido en esa desgracia era su hijo... Y la señora atacada, su esposa.

Un murmullo de asombro se levantó. Yolza miraba a mi padre con vista de lince. Por primera vez vi en los ojos de Sahian asomarse las lágrimas. Bajé la cabeza avergonzado.

—Gracias a que el licenciado fue considerado y levantó los cargos, Saúl no tuvo que ir a la correccional. Ahora me doy cuenta de que hubiera sido lo mejor —una contracción involuntaria de su nariz le impidió continuar con soltura. Estaba anormalmente rojo y las lágrimas bañaban literalmente su cara—. En casa nada volvió a ser igual. El muchacho se convirtió en un hijo rebelde y grosero y yo me convertí en un padre intransigente. No supe enderezar su camino torcido. Ahora veo con toda claridad en lo que fallé: usé la fuerza, pero nunca le hablé...

Sahian estaba pálida con los ojos abiertos tan desmesuradamente que parecía que hubiese visto un fantasma... Se estaba hablando de un Saúl Hernández... ¿Acaso mi padre se refería a Saúl, el compañero que le había telefoneado desde Guanajuato para confiarle su desdicha? Como corolario, ¿Saúl era mi hermano...? Asentí con la cabeza lentamente contestándole sin palabras esas preguntas que, a la distancia, sin palabras me formuló.

—Saúl era alumno de esta escuela hasta que fue expulsado la semana antepasada. Se le sorprendió... cuando estaba con su novia en el sanitario...

¡Caramba! Esa parte del testimonio pudo haber sido omitida.

—Yo personalmente vine a recoger su documentación y me sentí tan defraudado que lo insulté y lo golpeé frente al director... No hay que asombrarse de lo que ocurrió después: se fue de la casa.

Por un momento pareció que nadie respiraba. Las manos de mi padre se crisparon sobre mis hombros lastimándome.

—Ayer por la noche volvió...

Comenzó a llorar y a hablar mezclando las palabras con sus lamentos de un modo francamente desgarrador.

—¡Dios mío! ¡Dios mío! No supe recibirlo. Lo traté mal. ¿Por qué, Señor? Lo insulté, lo humillé... Pero es que no sabía qué era lo correcto. Sólo quería que él entendiera que lo que hizo estuvo mal... No supe comunicarle mis sentimientos. Lo amaba. Y creo que él también.

Un quejido impresionante le cortó el habla.

Me volví para mirarlo y sentí que mis entrañas se destrozaban de un tajo al darme cuenta de que ese traje negro que traía sólo lo usaba para ir a los velorios.

Apenas escuché lo que dijo después.

—Mi hijo se suicidó anoche... No dejó ni un recado... Él tampoco aprendió a comunicarse.

16

UN GRITO DESESPERADO

Todos los asistentes al curso nos acompañaron en el velatorio. Han pasado tantos años desde entonces que he olvidado por completo los nombres y rostros de quienes estuvieron con nosotros esa noche. Además no me fijé mucho en ellos.

A los pies del féretro de mi hermano, la bomba mental que se había ido elaborando en mi entendimiento los últimos días estalló definitivamente y a través de los escombros de lo que antes fue mi ideología penetraron hasta el centro mismo de mi ser los conceptos que había recibido del director y lloré con la certeza de que, de haberse conocido en mi casa ese material de superación familiar un tiempo antes, la prematura muerte de mi hermano no hubiese ocurrido. Incluso posiblemente el tercer hijo de Yolza viviría.

Sentado en los elegantes sillones de la estancia para deudos, percibí la presencia de mi hermano conmigo y, a la sombra de su cuerpo etéreo, tomé decisiones radicales: terminaría la preparatoria e ingresaría a la facultad de filosofía y letras para convertirme en escritor. Tenía que relatar lo que nos sucedió; era un deber más que imperioso. Era una misión que se me había encomendado a mí. Lo sabía porque durante el velorio no dejaron de afluir a mi cabeza algunos de los primeros párrafos que leí del portafolios robado.

Hay miles de seres que mueren a diario física o psicológicamente sin saber cómo ni cuándo se hundieron en ese pantano de depresión. Pero todo se origina en el seno familiar. Si la familia se corrompe, la sociedad, el país, el mundo entero se corrompe.

Ya es hora de escuchar ese llamado de urgencia lanzado constantemente desde lo más íntimo de cada congregación humana. ¿De qué nos sirve tanto avance tecnológico si estamos olvidando lo fundamental? No podemos seguir fingiéndonos sordos ante el grito desesperado de un mundo que se halla en plena decadencia por nuestra falta de interés en la familia.

No fue sino hasta entonces que comprendí cabalmente el título de la conferencia *"MENSAJE URGENTE PARA LA SUPERACIÓN FAMILIAR"*... Era urgente, pero a mi casa llegó demasiado tarde. Publicando la historia de mi hermano y los apuntes del director tal vez le diera al destino la oportunidad de regalarle a otras familias "a tiempo" lo que a la mía se le regaló tan a destiempo.

Debo confesar que durante meses he postergado la redacción de este capítulo. Temo no saber relatar cómo acaeció la muerte de Saúl. Creo que cualquier ligera desviación a la verdad de los hechos en que haya incurrido en las páginas precedentes no afecta el mensaje; antes bien pudiera enriquecerlo. Pero en lo referente a la forma en que mi hermano se despidió de este mundo, por respeto a su memoria (y a la de mi padre, que falleció hace poco), no puedo permitirme ser inexacto.

De cualquier modo, me he prometido no eludir el reto un día más.

Tal vez después de escribir lo ocurrido pueda decirle a mi hermano —aunque tarde—, con el cariño de quien le desea lo mejor a su más grande amigo: adiós, Saúl, y gracias.

Cuando Saúl decidió regresar habían transcurrido doce días de exilio inútil y perjudicial. Lejos de madurar con la experiencia, tuvo una regresión. En su mente se fijaron las escenas que habían echado a perder su vida: el accidente involuntario (porque eso fue exactamente) de su maestra de inglés, las desavenencias con la autoridad paterna, la dificultad de relacionarse afectivamente con las muchachas, la imposibilidad de hallar a su "amor ideal", su confusión sexual... Su terrible, ingente, pavorosa soledad. Todo ello lo fue hundiendo en el pantano de la degradación y, totalmente autohumillado y desmoralizado, aun viéndose zozobrar, no tuvo fuerzas para salvarse. Cuántas cosas debieron de pasar por su mente en esos días, cuántas lágrimas habrá derramado, cuánto desconsuelo, cuánto frío físico... pero, sobre todo, cuánto frío emocional. Por lo que se sabe, sólo dos de las cinco noches que pasó fuera de la casa durmió sobre una cama. Es verdad que pidió posada a un ex compañero escolar que radicaba en provincia, pero, ¿cómo viajó? ¿Dónde pernoctó el resto de las veces? Nadie puede asegurarlo. Lo cierto es que finalmente un chispazo de esperanza brilló en su mente y decidió regresar; pidió ayuda económica a la familia que lo alojaba y ésta, más por quitarse la molestia de hospedarlo que por favorecerlo, le pagó su boleto de autobús; y él volvió con la idea de que su padre lo recibiría con los brazos abiertos.

Por otro lado, para mi padre lo que Saúl estaba haciendo carecía de toda lógica: era un berrinche infantil, un desplante arrogante de amenaza y desafío. En su ausencia papá se sumió en un tremendo estado de ansiedad, indignación e ira. No se cruzó de brazos aguardando el voluntario retorno del desquiciado vástago: lo buscó —aunque únicamente durante dos días y una noche— por todos los medios a su alcance: acudió a la policía, centros de ayuda juvenil, hospitales, delegaciones, familiares y amigos, pero fue inútil. Y con el paso de interminables horas sin noticias fue acumulando una peligrosa mezcla de tristeza y rencor. No era justo que Saúl hiciera eso. Se le había dado todo cuanto un joven de su edad pudiera pedir. La angustia y desesperación de tener un hijo díscolo se tornaron lentamente en corolarios prácticos: la calle le daría lecciones duras y tarde o temprano valoraría su hogar, justipreciaría a la familia que abandonó y regresaría cambiado.

Ambos se equivocaron. Ni mi hermano retornó cambiado ni mi padre lo recibió con los brazos abiertos.

Por esas cuestiones del destino que nadie puede explicar, sólo papá estaba en casa cuando Saúl llegó. Mi madre y Laura, aunque no solían hacerlo, esa noche habían ido a casa de tía Lucy huyendo, a decir verdad, de las maldiciones y protestas del señor de la casa, quien se mostraba renuente a aceptar (¡de ningún modo!) la insistente invitación que le hacían para asistir al curso de superación familiar del día siguiente.

El timbre sonó tres veces.

—¿Quién rayos podrá ser a esta hora? —masculló papá sabiendo que las mujeres traían llave.

Dejó el cómodo sofá de la sala de televisión y se dirigió a la puerta con peor malhumor que el normal.

Tardó unos segundos en reconocer a su hijo.

—¿Saúl?

Su rostro pálido le daba a todas luces aspecto enfermo y demacrado. Aunque cabía la posibilidad de que se hubiese aseado últimamente, era evidente que no se había rasurado ni cambiado de ropa desde que se fue.

Mi padre lo contempló sin saber qué hacer. La inesperada aparición le produjo más miedo que gusto. Se volvió de espaldas y dio unos pasos sin invitar a mi hermano a entrar.

La parte emotiva de su ser le suplicaba que permitiera a su hijo pasar, ofreciéndole calor, tranquilidad, descanso. Pero el lado cerebral de su persona, que siempre lo dominó, se lo impedía. En ningún tiempo se había dejado llevar por sus emociones y esa vez no iba a ser la excepción. Su raciocinio, aunque en ese trance era un poco turbio, le indicaba que como padre agraviado no podía mostrarse consecuente con lo que el joven hizo. ¿Había regresado? Bien. ¡Era de esperarse! Pero que no se le ocurriera pensar que con su teatrito de huir y volver ganaba concesiones en esa casa.

(¿Por qué diablos no estaban las mujeres?)

Saúl entró al recibidor con pasos lentos e inseguros. Necesitaba desesperadamente ver un gesto de aceptación, pero tampoco habló. Siempre se le inculcó que los hombres son fuertes, fríos y formales, y por ende que los sentimentalismos son bobadas femeninas.

—Perdóname, papá —articuló al fin.

—¿Perdóname? Un hombre de bien no puede ser capaz de largarse sin importarle cuántas mortificaciones cause para después simplemente pedir perdón y pretender que nada ocurrió.

Saúl calló con la cabeza hundida en el tronco y la vista en el piso.

—¿No crees que ya has hecho demasiado daño a la gente? Tus imprudencias no pueden solucionarse con pedir perdón. ¡Lo que cuenta son los hechos! Es hora de que entiendas eso y cambies. ¿Tú supones, por ejemplo, que con pedirle disculpas a tu maestra de inglés resucitarás a su hijo?

—¡Eso fue un accidente!

—¿Y también fue un accidente que te encerraras con esa chiquilla en el baño para manosearla? ¿O dirás que te sedujo? ¿Y tu borrachera de hace un mes? ¿Y tu indiferencia en la casa? ¿Y tu rebeldía para obedecer lo que se te ordena? ¿Y tu deserción escolar? ¿Y tu paseíto por la calle estos días? ¿Todo ha sido un accidente? ¿Todo se soluciona pidiendo perdón?

La reprimenda resultaba aún más cruel e hiriente por lo que tenía de verdadera. De haber sido injusta, Saúl hubiese podido alegar en su defensa. Pero era cierta. Y ante el dolor de comprobar cómo la vergüenza producida por la voz de su conciencia era reforzada por las recriminaciones de su padre, guardó absoluto silencio.

Pero no se quedó quieto. Aún aplastado por la denigración, tomó una decisión rápida. Dio la media vuelta dispuesto a salir.

—¿Adónde vas?

—Me largo. Nunca más volveré a venir a esta casa.

—Eso crees —y caminó tras él para detenerlo por el brazo—. Lo que tú necesitas no es largarte sino recibir una buena paliza. Y la tendrás, te lo aseguro. ¿Acaso sientes que ya no perteneces a este lugar? ¡Es lógico! Con tus imbecilidades has perdido todo. Hasta el cariño de tus padres… ¡Caray, apestas como un cerdo! Sube a tu cuarto inmediatamente y cámbiate.

Saúl levantó la mirada con altivez y masculló:

—¡Ya no me asustas, papá!

—¿Qué?

—Que eres detestable y te odio.

Entonces papá perdió los estribos. Levantó la mano con toda la energía posible y le dio a Saúl tan terrible bofetón que éste cayó al suelo como un muñeco de trapo.

—¡Y tú eres un engendro maldito! No debiste haber nacido. Seguramente ni siquiera eres hijo mío —lo tomó de los cabellos y lo jaló hacia adentro nuevamente, obligándolo a entrar gateando—: ¡Sube inmediatamente y aséate!

Saúl se puso a llorar como un niño. Podía haber devuelto la agresión con bastante éxito, podía haberse liberado de los puños que le tiraban del pelo para defenderse e irse sin que mi padre tuviese la posibilidad de detenerlo. Pero a cambio de eso se puso a llorar. Después de un rato se incorporó y obedeció la última orden como una tétrica caricatura humana, como un desgraciado muerto andante.

Al llegar a la escalera volteó para ver a papá. Y su mirada fue un llamado de auxilio que no halló palabras para dejarse oír, un grito desesperado desde el último asidero del precipicio. Pero papá no volvió la cara. Y si lo hizo, estaba demasiado encolerizado para sentir el dolor, la tortura, el tétrico lamento de ese último alarido que emiten con la mirada los seres humanos antes de renunciar a vivir.

Mi padre apagó el televisor y se sirvió un vaso de whisky. Sabía que no estaba bien lo que acababa de hacer. Pero, ¿cómo rectificarlo? Las circunstancias lo habían obligado. Además tenía que tratar a su hijo con mano dura si quería ayudarlo a reivindicarse. Se sirvió otro trago y trató de controlar sus pensamientos para dejar de atormentarse. La llegada de su hijo había acaecido de modo lamentable, pero tenía mucho tiempo por delante para ayudarlo a salir del hoyo. Y lo haría. Al decidir esto se sirvió un tercer vaso de whisky.

Las mujeres todavía tardaron cerca de una hora en regresar. Finalmente la puerta se abrió con sigilo.

—Ya llegamos, mi amor.

—Tengo algo que decirles —anunció papá con voz tajante y seria. Mi madre y mi hermana se le acercaron un poco atemorizadas—: Saúl acaba de llegar. Lo mandé a su cuarto. No quiero que nadie vaya a verlo hasta mañana. Debe darse cuenta de que estamos disgustados por lo que hizo. Ya hablaremos largamente con él.

—¿Y cómo llegó? ¿Está bien? ¿Ya cenó? ¡Debe de estar muerto de hambre!

Mamá se encaminó decidida hacia el cuarto de su hijo con el gesto encendido de alegre excitación, pero papá la alcanzó y la sujetó por el brazo.

—¿No fui claro en lo que acabo de decir? Tú y yo le brindaremos todo el apoyo que requiere, pero no hoy.

—¿Por qué no? ¡Él nos necesita *ahora*!

—No hay nada que discutir. No vamos a hacerle un homenaje de salutación.

—Me perdonas, amor, pero aunque no le hagamos una fiesta, sin importar lo que tú opines yo voy a subir a darle un buen recibimiento.

—¿Recibimiento? Esta noche Saúl deberá estar a solas en su cuarto para que asimile todo lo que vale su casa.

—Saúl ya asimiló cuanto tenía que asimilar y te aseguro que ha estado solo más tiempo del saludable.

—¿Por qué siempre has de llevarme la contraria en todo? Si yo digo blanco tú dices negro. ¿Qué es lo que te pasa últimamente?

—¿Qué es lo que te pasa a ti? Yo te obedezco más de lo que por tu estrecho criterio te mereces.

—¿Qué has dicho? Repite lo que has dicho.

—Que eres un necio intransigente. Que toda tu familia te tiene miedo, ¡no respeto sino miedo!, el miedo que se siente ante un verdugo injusto. Lo siento mucho pero voy a ver a Saúl.

Papá la apretó de la muñeca con la fuerza de alguien descontrolado por la ira.

—Si lo haces te arrepentirás toda la vida. No me desafíes, te lo advierto.

—Pero mi amor...

Y mi madre soltó a llorar. Le faltó el empujón final para salvar a su hijo. Perdió el aire en pleno embalaje, desertó cuando un último esfuerzo hubiese sido suficiente. Pero, ¿suficiente para qué? Ni ella ni nadie sospechaba cuán deteriorada estaba la autoestima de mi hermano. Y en cambio era fácil percibir el peligro latente de dañar, como no lo había hecho antes, su relación matrimonial. Perseverar en rebelarse hubiese significado llegar a extremos inusitados. ¿Cómo superar los gritos del marido? Gritando aún más fuerte. ¿Y cómo quitarse la opresión de la mano que la sujetaba por la muñeca? Empujando, mordiendo, abofeteando a su esposo. Todo frente a Laura. Y luego, ¿qué? Lo que pasaría después podía llegar a menoscabar irremediablemente una relación conyugal que había defendido tantos años con no pocos sacrificios.

Se sentó en la escalera tapándose el rostro con ambas manos. Laura, no pudiendo soportar la escena, subió a encerrarse en su habitación. No hubo necesidad de advertirle que tampoco ella tenía permiso de saludar a su hermano.

La discusión había sido tan vehemente que seguramente Saúl la escuchó desde su cuarto entendiendo que su presencia causaba enconadas e innecesarias riñas. Tal vez esto fue la gota que derramó el vaso, tal vez el vaso se derramó desde antes. ¿Quién lo sabe?

Nadie cenó esa noche. Por primera vez en su vida mamá se atrevió a hacer lo que más deseaba: ignorar y tratar con aspereza a papá. Evitó cruzar con él una sola palabra y durante horas lloró en su cama antes de conciliar el sueño.

Papá no durmió. No podía darse el lujo de seguir fallando en su dirección tutelar. No con Saúl.

Sin embargo, algo en su fuero interno le decía que lo que había hecho estaba mal.

A las tres de la mañana, procurando hacer el menor ruido posible, se levantó con intenciones de ver a su hijo. Necesitaba al menos cerciorarse de que no había vuelto a huir. Cruzó sigilosamente el corredor que unía su habitación con la de los varones y entró cuidadosamente. Encendió la luz y su rostro se crispó en un gesto de asombro e ira. No estaba. ¡Maldición! Ni siquiera había destendido la cama. ¡Maldición, maldición, maldición! ¡Se había vuelto a ir! Dio un puñetazo de rabia a la pared y giró la cabeza con la respiración alterada buscando algún rastro. La sangre se le heló en las venas al notar un resquicio de luz encendida en la bodega de herramientas. ¿Saúl se habría escondido allí? O había tratado de entrar un ladrón... Lo primero era absurdo puesto que el lugar era frío y sucio; lo segundo lo era aún más porque los rateros no suelen interesarse en sierras de cortar, polipastos colgados de la viga que sostiene un techo falso, llantas usadas y cajas de clavos y tornillos, que era lo único que ahí había.

Bajó cuidadosamente por la estrecha escalera sin poder controlar un repentino temblor en las rodillas, sintiendo la boca seca y la saliva acidificada. Al llegar a la puerta dudó unos segundos: estaba entreabierta cuando siempre se la mantenía cerrada. Quizá había sido demasiado temerario al bajar desarmado, pero tenía el presentimiento de que aunque en ese sitio hubiera una gran amenaza, no era para él...

Abrió la puerta que, como de costumbre, emitió un leve rechinido.

El cuadro con el que se encontró lo hizo levantar las manos y abrir la boca con todas sus fuerzas sintiendo que el alma misma se le escapaba en un grito.

Saúl estaba ahí, frente a él, colgado de la viga de los polipastos, ahorcado con su propio cinturón.

Una daga helada penetró en ese instante hasta lo más profundo de las entrañas de mi padre, paralizándolo. Con sus dedos crispados trató de arrancarse los cabellos, pero sólo consiguió rasguñarse cruelmente el rostro pasmado, atónito.

—¡NOOOO! ¡NO! ¡NO! ¡NO! NO, NO... NO... —clamó mientras el cuerpo de su hijo giraba levemente en el aire suspendido por el cuello con su ceñidor de piel.

Papá venció el agarrotamiento producido por la enajenación y corrió a descolgar a Saúl, chillando, jadeando, ahogándose de dolor... Al depositarlo en el suelo quiso revivirlo, pero estaba inerte y ya había comenzado a enfriarse.

La última vez que papá lloró fue cuando apenas contaba diez años de edad. Nunca más volvió a hacerlo... hasta esa noche. Derramó sobre su hijo muerto las lágrimas contenidas durante toda una vida de fingirse fuerte. Sus plañidos fueron tan terribles que creyó que se ahogaría con su propio llanto, pero no le importaba. Cuando levantó la cabeza pudo distinguir a mamá parada en la entrada de la bodega, contemplándolo. No vio a Laura, que también estaba ahí.

A mamá no se la oyó gritar. Su reacción fue contraria porque quizá la resquebrajadura de su espíritu era tan profunda y dolorosa que superaba todo el suplicio que un ser humano consciente es capaz de soportar, y por ende manifestar. Había quedado como idiotizada, con un rictus de dolor en el rostro, pero sin moverse.

Entonces papá se incorporó presa de una rabia enloquecedora. Subió la escalera dando tumbos. Comenzó a destruir los muebles. Derribó libreros, vitrinas, espejos; rompió vidrios con el puño y se golpeó la cabeza contra la pared una y otra vez hasta que perdió el conocimiento y cayó sangrando sobre la alfombra.

Desde ese momento y hasta mucho después de lo acontecido, Laurita no dejó de llorar ni un minuto. Mamá, definitivamente afectada de la razón, no pudo decir una sola palabra; sin embargo, es de notar que al día siguiente del sepelio tuvo la lucidez necesaria para empacar sus cosas y mudarse a la casa de su hermana Lucy dispuesta a separarse para siempre de papá.

Muy temprano se llevaron el cuerpo de Saúl para practicarle la autopsia, la cual, por más que se le suplicó a las autoridades, no le fue dispensada. El forense nos informó de algo más que, por grotesco y desagradable, he estado tentado de omitir en estas memorias. A mi hermano se le descubrieron rastros de una infección venérea adquirida recientemente. Al saberlo, mi padre se puso tan mal que por un momento todos temimos que fuese a seguir los pasos de su hijo cometiendo la misma atrocidad.

Papá salió de la agencia en que velaban los restos de mi hermano para ir a buscarme. Cuando llegó a la conferencia creyó hallar en ella un posible bálsamo para su dolor, pero fue peor. Escuchó casi todo respecto a la ley de las normas de disciplina y lo referente a la ley de comunicación profunda. En la plática se dio cuenta de lo fácil que hubiese sido darle la bienvenida a Saúl con un fuerte abrazo, acariciarle el cabello y manifestarle el gusto que le daba volver a verlo. Pero también en la plática se percató de que nunca le había sido fácil demostrar sus sentimientos y mucho menos comunicarse a nivel profundo.

Ninguno de los asistentes de la conferencia se imaginó que la sesión de ese día terminaría con las frases más desgarradoras y duras que el padre de un joven muerto pudiera decir jamás. Frases que al transcribirlas, aun muchos años después, arrancan de mis ojos amargas lágrimas de tristeza y frustración:

Mi hijo se suicidó anoche... No dejó ni un recado... Él tampoco aprendió a comunicarse...

17

REENCUENTRO

La conferencia para padres no continuó al día siguiente, como originalmente se había planeado. El director, su esposa, varios maestros, alumnos y padres de familia asistieron al sepelio.

A lo largo de mi vida he tenido la oportunidad de presenciar un buen número de inhumaciones y, aunque evidentemente en todas ha prevalecido la tristeza, no recuerdo ninguna tan aplastante y tétrica como aquélla. Es muy distinto, por ejemplo, dar sepultura a un anciano que disfrutó, sufrió, construyó y vivió, en suma, cuanto tenía que vivir, a hacerlo con un joven que cortó voluntaria e innecesariamente su existencia. En el primer caso, una vez llevado a cabo el entierro los deudos llegan a sentir cierto sosiego y resignación; pero en el segundo no: en nuestro caso, el ambiente estuvo cargado de un dolor pasmado, increíble, inenarrable, que no menguó —acaso incluso se incrementó— con la consumación del hecho.

Los días que siguieron al sepelio fueron casi infernales. Laura se fue con mamá. Y papá y yo nos quedamos solos en la casa pero casi no nos hablábamos. Él no soportaba la presencia de nadie, así que despidió a la sirvienta y solicitó licencia en el hospital para descansar.

Nuestro hogar se convirtió en un inmueble sucio, gélido y hosco. Ni él ni yo hicimos el menor esfuerzo por reacomodar los libreros o reponer los vidrios rotos; pasábamos sobre ellos pateándolos. Ni él ni yo levantábamos un trapo. La cocina se fue llenando de desperdicios, mugre y moscas; los muebles, de polvo; las recámaras, de ropa sucia.

Sahian me llamaba por teléfono y, aunque nunca contesté, era agradable oír sonar el aparato insistentemente una y otra vez. También fue a buscarme en un par de ocasiones: no le abrí. Un día que no pude soportar más la situación, me bañé, me afeité, me puse ropa limpia y salí en busca de mi amiga.

Me recibió con un enorme gesto de asombro y alegría.

—¿Dónde has andado, Gerardo? No he parado de buscarte. ¿Tu padre y tú se mudaron?

—No... Hemos estado allí dentro, aplastados por la depresión.

—¡Pero no puede ser! ¿Han pasado dos semanas ocultos, con las luces apagadas y las cortinas cerradas?

Asentí.

—¿Has visto a Laura y a mamá?

—Sí —bajó la mirada—. Tampoco están bien. Las he visitado casi a diario. Tu tía Lucy me ha pedido ayuda. Laura se ha recuperado casi por completo, pero tu madre...

—¿Qué pasa con mi madre? —le insistí ante su interrupción—. ¿Es que puede pasar algo peor de lo que ha pasado?

—Me temo que sí —Sahian se encogió de hombros indecisa. Parecía no saber cómo expresar lo que debía decirme—. La muerte de Saúl es sólo el inicio de una cadena de cosas terribles que están a punto de ocurrir. Si no haces algo...

—Pero, ¿cómo está mi mamá?

—Pálida... demacrada... canosa... con la misma ropa desde hace días. Y algo más... Algo que tu tía Lucy no ha querido decirme... Pero me da la impresión de que necesita ayuda psiquiátrica. Tu madre está cambiando, Gerardo. ¡Despierta, por favor, y haz algo!

Me sentí abatido. La desdicha era demasiada como para que se siguiera incrementando.

—¿Qué puedo hacer?

—Procura que tu papá vaya a buscarla. Sólo Laura y tú pueden propiciar el reencuentro... Y créeme: si ellos no se reconcilian los infortunios los aplastarán a todos.

—No creo que pueda…

—Ése es *tu* problema.

Observé a mi linda amiga frente a mí y me sentí tan atraído por la paz de sus ojos que me acerqué a ella.

—Ayúdame, Sahian… Por favor.

Entonces la abracé y me abrazó. Permanecimos enlazados varios segundos. La calidez de su cuerpo fue derritiendo lentamente la congelación de mi alma.

Deseaba entregarle toda mi intimidad. Contarle de la gran pena que inundaba mi ser, de la falta de aire que se sentía en mi casa, de ese tener sueño pero no querer dormir; sentir hambre, sed, pero no apetecer nada; de ese dolor agudo e incesante clavado en la parte más sensible de mi naturaleza; de esa repentina y enfermiza misantropía de papá… Y, sobre todo, de esa terrible paranoia que nos hacía ver a mi hermano detrás de cada puerta que abríamos.

Separándome un poco, intenté hablarle de todo eso, pero en cambio articulé palabras muy distintas:

—Quiero pedirte algo desde hace tiempo.

Me miró fijamente, como esperando que le hiciera una solicitud de suma importancia. Y así era:

—¿Quieres ser mi novia…?

—¿Hablas en serio? ¿Cómo puedes pensar en eso *ahora?*

—Pienso en ello desde que te conocí… Y precisamente *ahora* es cuando estoy más seguro. No te lo pido porque me estés ayudando, ¡y de qué forma!, a salir de este atolladero, sino porque me gustas de veras y sobre todo porque te quiero. Si tuviera que elegir una compañera para toda mi vida no lo dudaría ni un momento: te escogería a ti.

Guardó silencio y bajó la vista.

—¿No te parece que cuando la situación se estabilice tendremos mucho tiempo para hablar de eso?

¡Dios mío! Qué dulce y hermosa me parecía.

—Sí —convine—. Tienes razón.

Y cambiamos el tema de la plática.

—¿Sabes? —me dijo—. El licenciado Yolza pospuso la impartición de la quinta y última ley varios días esperando que ustedes pudieran asistir. Mis padres y yo estuvimos allí cuando la expuso. No te imaginas lo impactante que resultó. El tema sobre desarrollo espiritual fue más poderoso que todo lo que dijo antes.

—Qué lástima que no hayamos podido ir...

—¿Por qué no hablas con él? Quizá nos ayude a reconciliar a tus padres.

—Quizá...

—Gerardo. En la última plática el licenciado Yolza nos repartió unas tarjetas con cinco sentencias que resumían las leyes expuestas. Me pareció un recuerdo muy bello y le pedí una extra para ti.

—¿De veras?

No me contestó. Entró a su casa y regresó de inmediato.

—Aquí está. El maestro recomendó memorizar los principios con estas frases cortas y llevarlos en la mente literalmente siempre.

Observé la pequeña y dura tarjeta de plástico impresa en tipografía cursiva.

Además era apropiada para portar en la cartera.

En ese instante no la leí, pero después, al conocer los conceptos ahí sintetizados, hallé en su simpleza y brevedad la guía para una superación radical, no sólo familiar sino estrictamente personal.

Debo mencionar incluso que las mejores y más importantes decisiones, así como los más loables y trascendentales actos de mi vida, han estado regidos en forma evidente por alguna de esas cinco sentencias.

La tarjeta decía:

I. EJEMPLARIDAD

Si quiero ser de utilidad para el mundo y para las personas que me rodean, empezaré por superarme YO MISMO con constancia y tesón.

II. AMOR INCONDICIONAL

No amaré a los demás en función de sus aciertos o errores. Los aceptaré sin juzgarlos y lucharé por mi pareja antes que por nadie.

III. DISCIPLINA

Estableceré y respetaré un código de normas que me guíen por el sendero del trabajo y del bien.

IV. COMUNICACIÓN PROFUNDA

No usaré máscaras ante las personas que amo. Les daré mi intimidad hablándoles frecuentemente con el corazón.

V. DESARROLLO ESPIRITUAL

Viviré en comunión con Dios y estaré continuamente receptivo para llenarme de su infinito amor.

—¿Crees que Yolza aceptaría venir a casa de la tía Lucy para hablar con mamá?

—¿Tú crees que no?

Nuestras últimas palabras habían sido dichas con voz muy suave dado que por la cercanía de nuestros cuerpos no se requería hablar muy alto. Ella estaba recargada de espaldas en la reja de su casa y yo me apoyaba en la misma con la mano derecha, pasando el brazo sobre su hombro. Repentinamente nos dimos cuenta de tan singular postura. Habíamos llegado a ella de modo natural, casi sin darnos cuenta. No fue necesario que Sahian respondiera si deseaba o no ser mi novia. Las vibraciones hablaban por sí solas con toda sinceridad. Envueltos en un hálito de dulzura y amor, permitimos que la inercia de ese extraño magnetismo nos moviera y casi sin que interviniera en ello la voluntad nuestros labios se encontraron en un beso cálido, suave pero apasionado, cargado tanto de sensualidad como de espiritualidad. Un beso que marcaría el comienzo de un amor como el que nunca soñé que llegaría a vivir.

Cuando llegué a la casa subí directo al cuarto de papá. Lo encontré con aspecto de terrible desolación hundido en un sillón. Y sentí tan enorme pena que no pude menos que tomarle una mano y decirle con voz suplicante pero firme que las cosas no debían continuar así, que mamá necesitaba ayuda, que él no podía dejarse vencer por lo ocurrido, que aún tenía dos hijos deseosos de vivir y que él era el único que estaba en posibilidad de darnos esa oportunidad.

Le hablé de nuestro plan de reunirnos en casa de la tía Lucy: todo estaba arreglado. Mi tía saldría con su esposo e hijos la noche del próximo viernes y nos dejarían solos para que pudiéramos hablar. Sahian se pondría de acuerdo con Laura y planearía los detalles.

Fue más fácil de lo que creí.

Papá aceptó ir a la cita sin hacer cuestionamientos. Él, más que nadie, necesitaba ser perdonado por sus seres queridos y rescatar lo que pudiera de su vida matrimonial.

Por primera vez después de tres semanas de disgregación, mi familia volvió a reunirse.

Eran las siete de la noche cuando papá y yo tocamos a la puerta.

Ambos estábamos nerviosos. Muy nerviosos.

Laura salió a abrir y se echó cariñosamente en brazos de su padre. Luego en los míos.

Pasamos a la sala y nos sentamos.

La casa había sido aseada por Laura. Ni mis tíos ni mis primos estaban, así que no se escuchaba el menor ruido.

—Ahora vuelvo. Voy a buscarla.

—No le digas que somos nosotros.

—Por supuesto, ya lo había pensado. La tía Lucy dejó el horno encendido y yo no lo sé apagar... —nos guiñó un ojo.

A los pocos minutos mamá salió de su habitación y fue directo a la cocina pasando junto a la sala sin percatarse de nuestra presencia.

—El horno está apagado, Laura... ¿Qué te pasa? ¿Por qué me hiciste salir...?

Y su vista se detuvo en nosotros.

Se quedó de pie mirándonos con los ojos llenos de enfado.

Laura apareció entonces y mamá la recriminó de inmediato.

—¿Qué te has creído, niña tonta?

—Quieren hablar contigo.

—Yo no tengo nada que hablar con ellos.

Nos pusimos de pie y nos acercamos un poco a ambas.

—Tenemos que definir lo que va a ocurrir con la familia —dijo papá.

—¿Definir? No seas ridículo. Lo único que hay que aclarar es la forma en que no vuelva a verte jamás.

—¿Y tú crees que a mí me entusiasma buscarte? Eres una mujer histérica y rencorosa.

—Y tú un asesino.

Esa palabra congeló a mi padre y elevó su adrenalina al grado que sus ojos parecieron a punto de salirse de su sitio.

—Ambos tenemos culpa de que Saúl haya muerto. Tú viste cómo decaía y no hiciste nada por él.

—Pero tú lo mataste.

—¡Cállate!

Mamá se quedó mirando a mi padre de una forma terrible. Papá le dio la espalda y caminó hacia la puerta. Laura y yo cruzamos miradas angustiadas.

¿Por qué los Yolza tardaban tanto en llegar?

Mi madre ya no traía puesta la misma ropa de hacía días. Se veía acabada pero firme como un roble. Papá ya había salido de su encierro y parecía dispuesto a emprender el vuelo hacia otros árboles que no crujieran así.

Era inútil. Nunca se reconciliarían. Mi familia estaba destinada a la extinción.

¡El timbre!

Laura corrió hacia el exterior haciendo a un lado a nuestro padre, que estaba a punto de irse. El corazón comenzó a latirme a toda velocidad... Aún quedaba una pequeñísima posibilidad...

Desde la puerta mi hermana anunció con una gran alegría matizada de ansiedad:

—Tenemos visitas... Pasen, pasen. Los estábamos esperando.

No hubo tiempo de aclarar nada.

Tadeo Yolza y su esposa Helena entraron con gran desenvoltura.

Venían vestidos de modo informal pero elegantemente.

La señora no era bonita, pero su porte distinguido y gentil le daba un aspecto atractivo. Era una bella pareja.

—Buenas noches, señora Hernández.

—Buenas noches —sonrió mi mamá comprometida.

—Es el director de mi escuela y su esposa —comenté—. ¿Los conocías?

Asintió.

—Siéntense, por favor. Están en su casa.

Laura tomó de la mano a papá.

El ambiente se volvió en extremo tenso, pero Yolza, actuando muy naturalmente, comenzó a platicar con mi padre como lo haría con un gran amigo y a éste no le quedó más remedio que sentarse a conversar.

—¿Desean algo de tomar? —preguntó Laura diligente.

—Un refresco estará bien.

—Yo le ayudaré a servirlos, señora —se levantó Helena Yolza.

Y a mi madre no le quedó más remedio que ir a la cocina a preparar las bebidas.

18

LEY DEL DESARROLLO ESPIRITUAL

EN LA FAMILIA DEBE LLEVARSE BIEN UNA RELIGIÓN DE AMOR. SÓLO MANTENIENDO UNA ESTRECHA Y CONTINUA RELACIÓN CON DIOS PUEDE LOGRARSE LA PAZ INTERIOR

La voz de la señora Helena resonó en el recinto por unos segundos.

Me di cuenta de que estábamos pisando un terreno vedado, pero los invitados habían venido a eso: a sacudirnos, a hacernos enfrentar los temas que comúnmente procurábamos evitar.

Mis padres, lo quisieran o no, *necesitaban hablar de Dios*.

Estábamos todos sentados alrededor de la mesa de centro de la sala.

Con gran habilidad, Tadeo y su esposa habían ido encaminando el tema de la plática hasta llegar a donde pretendían. El ambiente era ahora más inhibidor que tenso.

Mis padres hubieran deseado no participar en esa conversación, pero con cortesía se veían obligados. A mí tampoco me agradaba el tema; sin embargo, confiaba ciegamente en que el licenciado Yolza sabía lo que hacía.

—¿Creen en Dios? —preguntó.

Silencio. Todos teníamos la vista fija en la mesa.

—Sólo un hombre de muy corta visión puede argumentar que las incomprensiblemente perfectas maravillas del cosmos se hayan creado "solas" —comentó interpretando nuestro silencio como una indecisión—. La magnificencia de cada órgano del cuerpo humano, la excelencia de la vida en vegetales y microorganismos, la pureza de las leyes físicas, químicas y cósmicas, la exquisitez del funcionamiento de los ecosistemas, la excelsitud de los planetas, las galaxias, el universo, toda la gigante creación no puede existir por casualidad. Al ir descubriendo científicamente tanta perfección inexplicable, el hombre se ha percatado con más claridad de su pequeñez.

—Dicen que todo eso no es otra cosa que "la Madre Naturaleza" —interrumpió papá, dando un sorbo a su bebida y tratando de otorgar al tema un matiz de superficialidad.

—Si así quiere llamarle, está bien. Pero indiscutiblemente detrás de esa "Madre" hay una gran sabiduría. Lo que propicia la excelencia de todo lo natural es una Inteligencia infinitamente suprema que ha diseñado y puesto en marcha cuanto vemos a nuestro alrededor. El azar no pudo haberlo hecho. Si la palabra "imposible" logra usarse en su justa medida, es en este caso. Sólo un necio podría negar algo tan obvio.

—Espere —rebatió papá—, yo entiendo que debe haber una inteligencia infinitamente superior que organizó todo como existe, pero eso no significa que debamos tener una religión ¿o sí?

—No hablaremos de religión porque muchos adultos relacionamos, erróneamente, esa palabra con "manipulación". Hablaremos de Dios. No sólo su creación nos grita que Él existe; también está esa sensación que llevamos dentro de necesitar hacer aquello para lo que fuimos creados. Nada causa más paz al hombre que practicar el amor; nada más placer que tener una actividad creativa; nada más alegría que actuar con verdad, honestidad y perdón. Es ahí, en el interior de nuestro ser, al comparar la satisfacción de hacer el bien con el desasosiego de obrar el mal y, sobre todo, al recapacitar en nuestra natural tendencia de buscar la perfección, que nos convencemos mejor de la presencia de Dios.

—¿Qué tiene que ver todo eso con nosotros? —protestó mamá fastidiada echando una mirada a su reloj—. Usted seguramente está enterado de que en esta familia acaba de ocurrir una gran desgracia. Algo muy *real,* señor director. Dios pertenece a otra dimensión. Hablar de Él no nos va a ayudar en nada.

—Se equivoca, señora. El problema de cada uno de los miembros de esta familia es una severa infección en el alma que no puede ser curada por medicinas humanas. Si lo desean, mi esposa y yo saldremos de inmediato por la puerta que entramos para no molestarlos más y entonces ustedes podrán acudir a la filosofía, a la terapia psicoanalítica o a la consejería astral, pero nada de eso los sanará; serán paliativos que les quitarán el dolor sólo de momento y, cuando el efecto de los analgésicos pase, la infección resurgirá desde lo más profundo de su ser, ahora más grave. Pueden darle mil vueltas al asunto, pero tarde o temprano comprenderán que Dios es la *única fuerza* que puede sacarlos del agujero en que están.

Extendió la mano izquierda a su esposa y la señora Helena, como adivinando las intenciones de su marido, le alargó una pequeña Biblia que había traído dentro de su bolsa de mano.

El licenciado la hojeó como quien sabe perfectamente lo que busca y leyó:

—Cuando los fariseos le preguntaron a Jesús dónde se hallaba el reino de los cielos, Él les dijo: *"El reino de los cielos no vendrá a ustedes en forma visible. No se dirá ahí está o allá está, porque de cierto les digo que el reino de los cielos se halla ya entre ustedes HOY".* [20] —levantó lentamente el libro—. ¿Saben lo que esto significa? —cuestionó—. Significa que Dios es una presencia viva en nuestras vidas, que no pertenece a otra dimensión sino que está presente para todo aquel que desee tener una relación personal con Él.

—Espere —volvió a interrumpir mamá, haciendo caso omiso al comentario anterior y dando la apariencia de estar molesta por el asunto que se discutía—, no es aceptable que siendo un Dios de amor presente, como usted dijo, a cada momento en nuestras vidas, nos envíe tanto sufrimiento —y sin poder evitar un tono de desolación, agregó —: ¿En qué cabeza cabe suponer que un padre amoroso permita cuanto permitió en mi casa?

---

[20] San Lucas, 17, 20.

Yolza detectó que mamá no estaba protestando sólo por protestar. Detrás de su altanería se escondía una desesperada necesidad de hallar razones lógicas a ese dolor que tan ilógicamente la estaba matando.

—Vamos a ser realistas, señora. Ni usted ni nadie puede concebir que Dios-Amor propicie el sufrimiento. Simplemente nuestras medidas no son Sus medidas, ni Sus juicios los nuestros. Ocurre algo indeseado y lo culpamos a Él, pero el sufrimiento no es causa de su voluntad sino consecuencia de violaciones que hacemos a sus leyes. Él nos ha dado libertad y usándola, bien o mal, sembramos para después cosechar. Si usted lanza una piedra por la ventana no la podrá detener en su caída. Dios ha creado las LEYES, señora, que están a nuestro servicio; pero si alguien, queriendo o no, las desafía, por ejemplo lanzándose él mismo por la ventana, sufrirá las consecuencias. Eso es todo.

—¿Y por qué, si nos ama, no evita ese "sufrir las consecuencias"?

—*Porque es nuestro único medio de aprender y crecer...* —hojeó nuevamente su Biblia y leyó—: "*Ciertamente ninguna corrección que se nos dé es motivo de dicha sino de tristeza, pero más tarde el dolor dará a los ejercitados en él una vida de paz y rectitud*".[21] ¿Entiende eso? La muerte de Saúl no tiene sentido alguno si ustedes no mejoran radicalmente con ella. *Deben ejercitar su sensibilidad en el dolor para que, gracias a lo que le pasó a él, logren esa vida de paz que no conocen.* Asimilen el mensaje que se les ha enviado y sigan adelante con alegría y entusiasmo. Que un problema no los abata; en el contexto de toda su vida, esta que hoy califican como una tragedia atroz, no es más que un tropiezo de enseñanza. Levanten la vista del juego de ajedrez que los tiene embotados y relájense; admiren la perfección de la Naturaleza y entreguen su existencia entera a Dios... "ENTREGA" es la palabra clave. La vida en comunión con el Amor es el único bálsamo infalible que le da sentido a los mayores abatimientos, sana las heridas, hace desaparecer la preocupación, el miedo, la ira, la culpa, la tristeza, y las convierte en Paz.

---

[21] Hebreos, 12, 11.

La señora Helena había tomado la Biblia y, mientras su esposo hablaba, había buscado un pasaje para sustentar lo que se decía. A la primera oportunidad leyó:

— *"Mucha es la paz para quien respeta sus leyes. No hay tropiezo para ellos"* [22] —y después—: *"No se aflijan con problema alguno, presenten todo a Dios en oración pidiendo y dando gracias; entonces Él les dará su paz, una paz que es mayor de lo que el hombre común puede entender, una paz que inundará su corazón y sus pensamientos..."* [23]

La voz de Helena Yolza no sólo contrastó por lo dulce y grata sino porque iba cargada de una convicción mayor, si eso fuese posible, que la de su marido.

—Yo insisto en preguntar —increpó papá retomando el aspecto del tema que más le incomodaba—: ¿Se requiere seguir una religión para comunicarse con el Creador?

—Cualquiera puede entrar en armonía con Dios, pero si se hace en la modalidad de librepensador esa armonía será momentánea; la naturaleza del hombre proclive a experimentar el mal no puede guiarse sola. Los apetitos insanos requieren de una ley que les ponga freno. Si no se tiene y obedece una guía espiritual, hasta los peores asesinos pueden justificar sus malos actos y racionalizar convenciéndose de que son buenos a la vista de Dios. Los padres deben inculcar la religión en el seno de su hogar; no hay peor dislate que permitir a los hijos que cumplan la mayoría de edad para que elijan. ¡El desarrollo espiritual es un proceso largo de aprendizaje y maduración, y al igual que otras ramas del "saber" su estudio no debe postergarse, porque hacerlo sería tan absurdo como esperar que los chicos sean adultos para que escojan ellos mismos su escuela primaria!

Hubo un silencio repentino, estático, pero cargado de intensas vibraciones.

Hoy, al momento de escribir, entiendo todos aquellos razonamientos como algo normal y evidente, pero recuerdo que entonces a mi familia le resultaba tan incómodo escuchar esos conceptos

---

[22] Salmo 119, 165.

[23] Filipenses, 4, 6.

como lo sería, para un joven analfabeto que ha aprendido a vivir sin leer, un discurso encaminado a hacerle entender su retraso intelectual. Recuerdo que por un rato nadie habló. Yo estaba perdido en mis pensamientos. Aquéllas no eran palabras para oírse y comprenderse con simpleza: eran oro molido, una bomba, una comida fuerte y nutritiva que caía repentinamente en estómagos paralizados por la falta de alimento.

Fue mi padre quien rompió el mutismo. Se aclaró la garganta y levantó levemente la mano para decir:

—Todo está muy bien… Pero yo no me siento digno de dirigirme a Dios.

El matrimonio Yolza dudó unos segundos. Fue la señora quien intervino primero:

—Ese sentimiento debe extirparlo de raíz. Piense que Dios es *Amor Incondicional Personificado*. Él ha querido que usted camine a solas para que crezca firme y con libertad, pero eso no significa que usted esté "solo" aunque caiga. Las caídas enseñan y fortalecen y Él no va a reprocharle sus caídas. ¿Ha cometido errores? ¿Ha sido un mal padre, un mal esposo? ¿Ha dicho cosas indebidas? ¿Ha dejado de hacer lo correcto? ¿Y qué hay de malo en todo ello? ¡No hay un ser humano perfecto! Nadie arrojará la primera piedra, doctor Hernández. Nuestras obras, buenas o malas, siempre llevan implícita la recompensa a recibir, a veces de inmediato, a veces muchos años después, y no hay nada vergonzoso en ello **porque estamos aprendiendo y creciendo.** ¡Ése es el plan de Dios! Si Él nos amara por nuestro "currículum", no habría ni un solo ser humano que mereciera su amor. ¡Entienda esto! Nuestras óbras serán premiadas o castigadas de todas formas. A Él no le interesan los errores humanos sino el corazón, la humildad, el arrepentimiento, la fe. Si usted hace algo mal sufrirá las consecuencias y sanseacabó, pero el padecer el castigo de las leyes violadas no exime a nadie del amor de Dios. Él lo conoce a usted muy bien, doctor, y lo ama con todos sus yerros, lo ama con su pasado, cualquiera que éste sea. *Él es Amor y tiene los brazos abiertos hacia usted…*

Mi padre bajó la vista y pareció afectado por los últimos argumentos.

—Y hay algo más —complementó el licenciado Yolza—. Dios quiere que su hogar se restituya, porque Él es quien planeó y organizó la familia. Él la diseñó, no ustedes. Si algo anda mal en su hogar, acérquense al diseñador. Cuando un aparato electrónico complicado se descompone, ustedes acuden con el fabricante para volver a hacerlo funcionar. Hagan lo mismo ahora. Y no tienen que salir a buscarlo, porque Él es quien viene a ustedes.[24] Escuchen con atención y verán que llama a la puerta. Mientras sigan ignorando todas las señales que les está dando, serán como el hijo pródigo descarriado y caído en desgracia. Sólo quien acepta a Dios y cree en Él será considerado su heredero.[25] Abran la puerta ya, y Él cenará con ustedes y ustedes con Él —hizo una breve pausa para permitir que las palabras se infiltraran hasta lo más hondo de nuestro ser, y agregó—: Si el Señor no edifica su casa, en vano trabajan los constructores...[26]

Las posturas de todos nosotros eran harto similares y curiosas: la vista dirigida al suelo, los ojos fijos, los dedos nerviosos y los labios ligeramente fruncidos. ¿Era posible haber vivido tantos años en esa inopia?

Yolza dejó pasar unos segundos respetando nuestra meditación y luego, en tono de íntima complicidad, indicó lo que haríamos.

—La única forma de enfrentarnos a Él es hablándole. Entregándole nuestras penas y alegrías. Tratarlo como a un amigo exclusivo... En los hogares fuertes se acostumbra la oración en conjunto y voz alta. Pocas cosas subliman y unen más profundamente a las familias. ¿Estarían ustedes dispuestos a hacer la prueba con nosotros ahora?

Nadie contestó.

—Bien —dijo, asumiendo como afirmación nuestro silencio—. Vamos a tomarnos de las manos cerrando un círculo alrededor de la mesa. Yo oraré y todos reforzarán mentalmente y a su modo mi plegaria; luego lo hará mi esposa; posteriormente Laurita, la señora Hernández, Gerardo y finalmente usted, doctor.

---

[24] Apocalipsis, 3, 20.
[25] San Juan, 1, 12.
[26] Salmo 127, 1.

En el recinto despertó nuevamente un hálito de incertidumbre. Yo estaba enmedio de mis padres así que, aunque tampoco me entusiasmaba la propuesta, busqué las manos de ambos y se las así fuertemente. Ellos ni cooperaron ni se negaron. El círculo se cerró con las manos formando una unidad y el licenciado Yolza comenzó a hablar usando una fuerza emotiva que no le conocíamos.

Instintivamente bajamos la cabeza casi al unísono, como cuando un soldado raso se dirige a un general.

—Dios mío. Estamos reunidos aquí para buscar tu consuelo. Cada uno de nosotros queremos decirte algo. Decirte: Padre, no me siento capaz de manejar mi vida y mis problemas. Estoy cansado de tanto sufrimiento. Déjame descansar en Ti. Necesito ayuda. De todo corazón, hoy te entrego mi mente, mi alma, mi vida. Soy tuyo, estoy aquí, con mi corazón abierto hacia Ti para recibirte, para que en todas las áreas de mi vida se manifieste tu voluntad y guíes mis pasos, Señor. Quiero entregarte a mi familia para que con tu bálsamo curativo cicatrices nuestras heridas y nos fortalezcas en tu amor. Hazme saber lo que tengo que hacer para cooperar contigo. Soy materia dispuesta, Señor; utilízame, por favor.

La plegaria nos sensibilizó a tal grado que sentí ganas de llorar a la vez que me inundó una sensación de sosiego y descanso. Entendí que si Dios se manifestaba de alguna forma en los seres humanos sería de ésa. La señora Helena continuó la oración.

—Dios, Santo Padre bueno. Somos un pequeño grupo de hijos tuyos que estamos grandemente necesitados de tu paz, de tu perdón. Gracias porque percibimos tu presencia y tu infinito amor y una calma enorme sobrecoge nuestras almas. Sabemos que no nos guardas rencor, que perdonas nuestros errores e incluso las ofensas que te hacemos. Ya no deseamos dar más tumbos. Hemos reconocido que empeñarnos en vivir lejos de Ti, además de desgastante, resulta doloroso e inútil. Toma en tus manos nuestro ser y guíanos por siempre, Padre. Somos tuyos.

Creí que el proceso se interrumpiría al tocarle el turno a Laurita y después a mi mamá, pero me equivoqué. La oración de mi hermana fue corta aunque poderosa.

—Yo te conozco, Dios. Hace mucho tiempo que dejé de hablar

contigo, pero creo que todavía me quieres... Porque otra vez está reunida toda la familia... No dejes que nos separemos. Ampara a papá y a mamá. Gracias.

Mi madre tardó más en retomar la oración. Su voz fue extrañamente débil y entrecortada.

—Ayúdame a aceptar lo que pasó... —un leve quebrantamiento de su garganta la interrumpió, pero se repuso—. No es fácil embarazarse, dar a luz, educar a un hijo, verlo crecer y después verlo morir de esa forma... Si yo tuve culpa en ello... perdóname... y devuélveme la paz antes de que también me muera... Ayúdame, por favor... —entonces su llanto se volvió tan abierto y profuso que nadie creyó que pudiera articular una sola palabra más, pero se controló apenas lo necesario y continuó—: Saúl se fue huyendo de la presión de ser varón. Se dice que los hombres deben ser fuertes, competentes, invulnerables, duros y hasta infieles. Creo que él no estuvo nunca de acuerdo con eso. Era muy sensible. Por eso se fue. Recíbelo en tus brazos. Dale tú lo que nosotros no pudimos darle... Te lo entrego a ti... Señor.

Y su voz se ahogó en el fluir de su llanto.

Mamá no había llorado en el sepelio. La presión acumulada en las últimas tres semanas de continua oposición a la realidad había sido demasiada. Así que la vimos deshacerse en sollozos y quejidos de forma impresionante y desgarradora, pero nadie se movió.

La cadena de oración continuó. Era mi turno. Mi subversión hacia toda teología se había tornado en sed, sed de ese zumo vivificante que ofrece Dios. Sin embargo, las palabras se me atoraron y apenas pude decir:

—Los que estamos aquí estamos vivos. Es por algo, ¿verdad? Ayúdanos a entender por qué... Tú tienes un propósito para cada uno de nosotros. Háznoslo saber... Ahora nuestros oídos están abiertos a tu voz. Háblanos, Señor...

Antes de comenzar, papá se aclaró la garganta. Su mano, que tenía asida a la mía, me apretó con fuerza. Deseaba comunicarse con Dios, pero se hallaba como mamá, en el hilillo del quebrantamiento.

—Padre Nuestro que estás en el cielo...

Se detuvo. Nadie continuó la oración que inició.

—Yo sólo quiero pedirte… que le digas a mi hijo que lo quiero. Comenzó a llorar.

—Dile que daría mi vida por saber que me ha perdonado. Nadie me enseñó a ser papá, por supuesto que eso no justifica las tonterías que hice porque a nadie se le enseña… Pero quiero decirte que, si me das la oportunidad de rehacer esta vida, no cometeré los mismos errores con mis otros dos hijos. Si mi esposa me lo permite, la abrazaré, la besaré y compartiré con ella mis problemas y alegrías… Dios mío, yo tampoco tuve un buen padre… y créeme que es una carencia que siempre me ha dañado… Dame otra oportunidad, Señor. Dame la paz de saber que Saúl ahora puede ver la forma en que lo amo. Últimamente no he pensado en nada más. Cuando él era pequeño, orábamos juntos. ¿Cómo y cuándo fue que dejé de enseñarle? Me causaba gracia verlo invertir las partes del *Padrenuestro* y persignarse torpemente con la mano izquierda. Mi niño… mi niño. Fue tan hermoso tenerlo… Nadie se imagina la pena que me embarga al entender que no volverá a estar aquí. Dios mío. Tú sabes del tormento que siento desde que Saúl se fue… Recuerdo que cuando comenzó a dar sus primeros pasos lo hacía riéndose y abriendo las manos para guardar el equilibrio. Recuerdo que no le gustaba dormirse sin que le contara un cuento. Lo recuerdo de pequeño haciéndome mil preguntas que yo no sabía contestar. Lo recuerdo coleccionando piedritas extrañas, hablando con los pececillos del globo de cristal, llorando cuando reprobó su primer examen en la secundaria, y luego, repentinamente, lo veo confundido, rebelándose contra su familia, contra su escuela, pero sobre todo contra su padre inepto, y luego, Señor, lo sueño ahí, girando levemente en el aire, suspendido por el cuello con su cinturón.

Su voz perdió tono y timbre. Todo mi padre era una llaga abierta y supurante, un ente aplastado por el peso del dolor, un cuerpo exánime asfixiado por los gases venenosos de la tristeza.

No levanté la cara para verlo. Era innecesario contemplarlo porque su aflicción podía sentirse como una brisa de ácido.

—Me recuerdo abrazando su cuerpo frío… —continuó con una voz que no era suya—, como si todavía pudiera sentir después de muerto mi piel, que nunca sintió en vida. Y es que,

Señor, aunque era tarde, yo sólo quería pedirle perdón, quería que supiera que lo amaba y que nunca había deseado que se fuera... Díselo Tú. Y, sobre todo, perdóname Tú. Ahora que veo mis actos hacia atrás, puedo distinguir que antes de la tragedia me diste muchas señales de que estaba haciendo las cosas mal, te comunicaste conmigo de mil modos distintos, me lo advertiste... pero no supe oírte. He tenido que pasar por esta experiencia horrible para entender que nos hablas a cada instante a través de gente que conocemos, de cosas que vivimos, de escritos que llegan a nuestras manos. Déjame reconstruir lo destruido y te prometo que no viviré más a la ligera, que buscaré hasta en los más insignificantes sucesos los mensajes que Tú me envíes, pero sobre todo que seré para mis dos hijos el padre que no han tenido, el padre que yo no tuve, Señor... Y para mi esposa... el hombre que ella necesita... El esposo que algún día dejó de soñar que tendría...

No me había dado cuenta de que el redondel se había desunido, pues todos necesitábamos de las manos para limpiarnos la cara. Mamá se puso de pie y se dirigió a mi padre hecha un mar de lágrimas. Papá se incorporó para recibirla en sus brazos. Vi, aunque muy borrosamente, la fuerza con que se abrazaron. Laura se acercó y los rodeó. Yo hice lo mismo. Permanecimos así mucho tiempo, fundiendo nuestro dolor y cariño, pero también uniendo nuestras energías. Fue un abrazo de cuatro personas que se necesitaban y se querían tanto que, entre gemidos y sollozos, tuvieron en esos momentos la renovadora experiencia de sentir así el auténtico calor del amor de Dios.

Esa noche morimos juntos y volvimos a nacer.

Nuestra visión de las cosas después de esa germinación espiritual cambió radicalmente.

Orar juntos se convirtió en una costumbre y una necesidad.

Después, nada volvió a ser igual.

19

PRÓLOGO EN EL EPÍLOGO

Los conceptos del *"MENSAJE URGENTE PARA LA SUPERACIÓN FAMILIAR"* no solamente salvaron de la extinción total a mi familia. En mayor o menor medida cada uno de los padres que asistieron al curso asumió nuevas actitudes y con ello muchos hogares renacieron. Yo soy el más fiel testigo de que, aplicando cabalmente las cinco leyes, es posible reconstruir familias deshechas. Vi cómo la bendición de los conceptos se extendió entre mis compañeros de escuela produciendo extraordinarios resultados.

Desde entonces me he preguntado una y otra vez cómo sería este mundo si se lograra difundir a gran escala lo que el licenciado Yolza enseñó en el ciclo de conferencias...

Sahian terminó la preparatoria al mismo tiempo que yo y él fue nuestro padrino de graduación.

Nunca más volvimos a verlo.

En ese verano papá propuso vender la casa e irnos a provincia para recomenzar. Yo tendría que dejar a Sahian, Laura a sus amigas y mamá a tía Lucy. Sin embargo, lo aceptamos porque sabíamos que nuestro sacrificio era mínimo comparado con el de él: abandonaba una enorme cartera de pacientes ganada con muchos años de trabajo, una antigüedad valiosísima en el hospital de especialidades y, sobre todo, una seguridad económica de la que no es fácil desprenderse cuando se tienen cincuenta años de edad y una familia que mantener.

Nos arrancamos de raíz el sentimiento de culpa que en mayor o menor medida a cada uno de nosotros nos provocaba el pasado, renunciando totalmente a él. Compramos casa nueva, muebles nuevos e ingresamos a una sociedad nueva.

Mi noviazgo con Sahian fue difícil y azaroso. Durante años tuvimos que conformarnos con escribirnos. Terminamos varias veces, pero siempre nos reconciliamos. Nuestro amor fue creciendo sin prisas, sin apasionamiento o sensualidad precoz. Eso le dio la fuerza para, después, sostener el peso de un hogar.

Curiosamente, papá logró hacer con mucha facilidad algo que toda la vida calificó de imposible: ejercer su profesión y a la vez tener tiempo de convivir con nosotros. Dejó de soñar con salvar al mundo y organizó las prioridades de manera que su familia quedó en primer término. Si de algo estoy absolutamente seguro es que la humanidad enferma no lo echó de menos. Por supuesto que nuestro nivel económico bajó un poco, pero en ese hogar tan diferente apenas notamos la carencia de lujos.

En ese nuevo estilo de vida tuvimos pocas desavenencias. La más fuerte que recuerdo ocurrió cuando comuniqué la carrera que deseaba estudiar. Si hubo algo que se le dificultó a papá fue respetar mi *autonomía* en lo referente a esa decisión. Él siempre aspiró a que el primogénito fuese médico pediatra y dado que ante la perenne ausencia de Saúl yo quedé como depositario de sus anhelos de proyección paterna, intentó disuadirme por todos los medios.

—La licenciatura en letras no te dejará para vivir cómodamente —me dijo—. Trabajarás igual o más que otros profesionistas y no podrás alcanzar la solvencia que ellos gozarán.

Sus intentos fueron vanos. Así como él decidió fortalecer su esencia paterna y conyugal ante la efigie etérea de su hijo muerto, yo, ante la de mi hermano, decidí ser escritor.

Han pasado muchos años de aquello y temo reconocer que papá tenía razón, aunque él tendrá que reconocer que yo también la tenía: no le he dado riquezas a mi familia ni hemos vivido con opulencia, pero cada vez que escribo experimento la enorme emoción de enfrentar mis propios retos. Creo que lo segundo vale más que lo primero.

Además, Sahian me apoya. Ha aprendido a vivir con un hombre distraído que frecuentemente se levanta en la madrugada para escribir lo que soñaba.

Este libro es el trabajo más importante de mi vida. Cuando lo terminé, mi primera reacción fue buscar a Tadeo Yolza.

Deseaba que me diera su punto de vista y redactara el prólogo de la obra.

Era tan suya como mía.

Sahian y yo visitamos nuestra viaja escuela preparatoria esperanzados de hallarlo ahí. Casi nos fuimos de espaldas al encontrarnos con una imponente universidad.

Su hija Ivette, convertida en una lindísima mujer, nos recibió en el privado del administrador. Tuve miedo de que su padre hubiera fallecido y le recordé nerviosamente mi historia, de la que no entendió ni un ápice.

—Papá viene muy poco por aquí —nos dijo—. Su última visita fue hace seis meses. Por causa de una enfermedad pulmonar ya no le es posible vivir en esta ciudad.

Ivette nos dio el domicilio donde podríamos hallarlo, pero mi esposa y yo no tuvimos los recursos necesarios para hacer el viaje.

Así que le mandé el libro por mensajería privada.

Esperé su respuesta durante varias semanas.

Hasta me resigné a que la obra no contase con un prólogo, pues de no ser escrito de puño y letra por Yolza, no me interesaba que lo tuviera.

Finalmente llegó ayer por el mismo conducto que utilicé para enviarle el libro. Yo me encontraba fuera de casa impartiendo mis habituales clases de literatura en la Escuela Superior de Periodismo. Al regresar, Sahian me esperaba impaciente por darme la sorpresa. No me enfadé con ella cuando me confesó que le fue imposible soportar la tentación de abrir el sobre y leer su contenido.

—Hay una pequeña carta —me comentó— en la que te felicita y desea lo mejor... además de lo que le pediste.

—¿El prólogo?

—Sí y no.

—¿Cómo...?

—Escribió una introducción para tu obra, pero tiene conceptos tan especiales que me parecería inadecuado que aparecieran al inicio. Si deseas que tus lectores entiendan en toda su magnitud la profundidad de las palabras de Tadeo Yolza, te recomiendo que las coloques al final y no al principio del libro.

—¿Un prólogo como epílogo...?

Se encogió de hombros.

—Bueno... ¿por qué no?

Después de leerlo me di cuenta de que era lo mejor. Sahian, como otras veces, tenía razón. Y si no la tenía, su opinión tuvo nuevamente mayor peso en mí que el que suelen tener los parámetros habituales de las cosas.

Un fenómeno que suele sucederle a los maridos enamorados.

INTRODUCCIÓN

El día en que Jesús entró a la ciudad de Jerusalem, poco antes de culminar su ministerio, lo hizo montado en un pequeño burro tal y como lo advertían las profecías. Los habitantes del pueblo lo recibieron con grandes vivas y ovaciones, cantando y exaltando al Mesías.

Al terminar de leer este libro me vino a la mente esa pequeña anécdota. Recordé que en la sociedad hay mucha gente a la que le gusta aplaudir sin saber por qué, y curiosamente lo hacen siempre mirando al burrito.

Dicho de otra forma: Cuando un sabio señala la luna, las personas ordinarias levantan la vista para contemplar el dedo.

Lector: no cometas ese error.

Estás ante un libro escrito con algo más que palabras, algo más importante que la ilación literaria, la estructura de ideas y la redacción de conceptos. Es un trabajo hecho con abandono. Espontáneamente. Desde lo más profundo del corazón humano, reuniendo elementos poderosos y quitando el "yo" de enmedio. Eso lo convierte, a mi juicio, en el burrito en el que Dios viene montado. Sé receptivo y ve más allá de las palabras escritas. Y si recibes el mensaje, fíjate muy bien a quién le aplaudes...

Los llamados que llegan a tu vida se manejan desde esferas muy altas de las que no tienes la menor sospecha.

Es seguro que este texto caerá en manos de quien más lo necesite, aunque no esté consciente de ello.

Así trabaja la ley de *causalidad* (no de *casualidad*). Todo ocurre por una razón.

*Causal*mente tú lo tienes. No tus padres, hermanos, cónyuge o hijos.

Sé humilde de corazón y piensa, aunque sea por un momento, que sólo se trata de unas hojas de papel, y que hay miles de millones de personas en cuyo poder pudieron haber caído.

Te será fácil suponer que es una eventualidad fortuita, pero, ¿y si no fuese así? ¿Si realmente hubiese un plan de Dios que hace llegar a tu vida en el momento preciso los elementos que te hacen falta? No le des la espalda a esa posibilidad.

Este libro no es una novela para revisar un fin de semana y olvidar. Soy testigo de que la historia en él relatada es verdadera, pero la historia es sólo el dedo. Y si no eres cuidadoso, tal vez la luna te pase desapercibida.

Probablemente su estructura te obligue a leerlo de corrido sin que puedas hacer nada por evitarlo, como el sediento que apura hasta la última gota del vaso con agua sin respirar; pero, una vez saciada tu curiosidad, regresa al principio y retoma la lectura para analizarla mejor.

No trates este testimonio como una bella novelita de aparador. Conviértelo en un manual de trabajo muy tuyo. Subráyalo, escribe sobre él, hurga, resume, profundiza sin reparos, analiza detalladamente cada idea y hállale aplicación. Extrae de las páginas sentencias que puedas grabar en tu memoria y proponte llevarlas contigo a tus actividades diarias.

Una mente profunda no sólo descubrirá la poderosa sabiduría ancestral encerrada en muchas frases, sino que reconocerá en ellas un verdadero llamado personal.

Cuando un necio encuentra verdades como las contenidas aquí, se ufana de conocerlas y las hace a un lado, pero cuando el inteligente las escucha, calla (aunque las haya oído antes) y las palabras le dicen cosas nuevas cada vez.

Si están en tus manos, no las tomes a la ligera.

Asimílalas para ti y luego compártelas.

Dáselas a tus allegados. Tu hogar no se conforma de una sola persona. Por lo tanto, estúdialas con cada uno de los miembros de tu casa.

Obséquialas a las familias que veas que andan mal.

Cuando se te cuestione qué hiciste con lo que el Señor te regaló, podrás decir que no sólo lo atesoraste para ti.

Vive una vida de servicio. Si no vives para servir, no sirves para vivir.

Para ser el primero deberás ser el último y el servidor de todos.

Tienes mucho que hacer en tu casa y para tu casa.

Y lo más importante es que puedes empezar hoy mismo.

No lo postergues más.

Tadeo Yolza